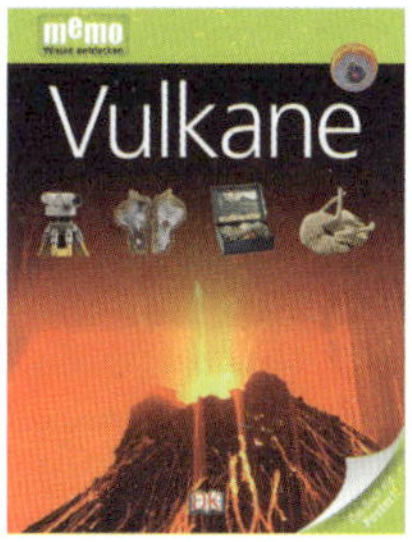

37

38

39

40

41

42

43

44

45

46

47

48

49

50

51

52

53

54

55

56

57

58

59

60

61

62

W0326200

Alphabetische Reihenfolge der Bände auf der letzten Seite

memo
Wissen entdecken

Das moderne China

Kalligrafie-Set

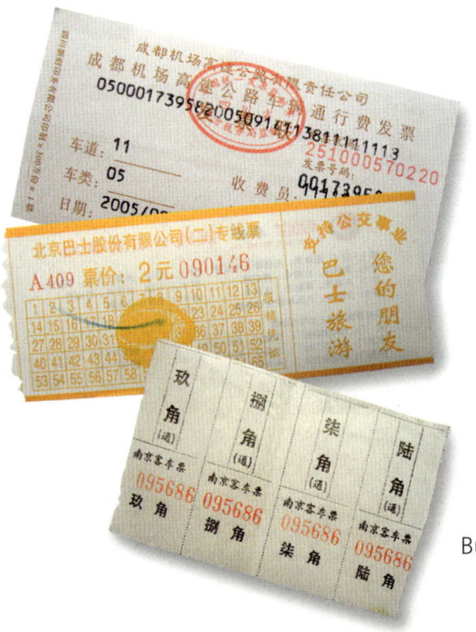

Mautquittung, Chengdu

Busfahrkarte, Beijing

Busfahrkarte, Nanking

Bambus

Mondkuchen

Kung-Fu-Schüler

memo
Wissen entdecken

Das moderne China

Text von
Poppy Sebag-Montefiore

Kinder auf dem Weg zur Schule

DORLING KINDERSLEY

Essstäbchen dürfen bei keinem chinesischen Essen fehlen.

云

Vereinfachtes Schriftzeichen für „Wolke" (Kurzzeichen)

雲

Traditionelles Schriftzeichen für „Wolke" (Langzeichen)

DORLING KINDERSLEY

London, New York, Melbourne, München und Delhi

Programmleitung Andrea Pinnington
Projektleitung Sunita Gahir
Cheflektorat Camilla Hallinan
Projektbetreuung Ben Hoare
Bildredaktion David Ball, Martin Wilson
Bildrecherche Louise Thomas, Claire Bowers
Herstellung Angela Graef
Umschlaggestaltung Carol Davis

DK Delhi
Programmleitung Aparna Sharma
Gestaltung Romi Chakraborty, Mini Dhawan
DTP-Design Govind Mittal

Für die deutsche Ausgabe:
Programmleitung Monika Schlitzer
Projektbetreuung Janna Heimberg
Herstellungsleitung Dorothee Whittaker
Herstellung Anna Ponton

Bibliografische Information der Deutschen Bibliothek
Die Deutsche Bibliothek verzeichnet diese Publikation in der Deutschen Nationalbibliografie; detaillierte bibliografische Daten sind im Internet über http://dnb.ddb.de abrufbar.

Titel der englischen Originalausgabe:
Eyewitness Modern China

Übersetzung Dr. Birgit Fricke, Birgit Reit (S. 64–71, Poster)
Lektorat Dr. Michael Bär
Satz Roman Bold & Black

ISBN 978-3-8310-2053-9

Colour reproduction by Colourscan, Singapore
Printed and bound in Hong Kong by Toppan

Besuchen Sie uns im Internet
www.dorlingkindersley.de

Zeitungen in chinesischer Sprache, die in China und im Ausland erscheinen

Seidenkleid auf einer Modenschau in Hongkong

Yin-Yang-Symbol

Inhalt

Der lachende Buddha steht in China für Wohlstand und Fruchtbarkeit.

Ein neuer Tag

Die Morgenstunden verbringen die Chinesen auf ganz unterschiedliche Weise. Ältere Menschen treffen sich oft im Park mit ihren Freunden und Nachbarn zum gemeinsamen Frühsport (zum Beispiel Tai-Chi). Danach gehen sie auf den Markt, um sich einen kleinen Imbiss zu gönnen und frische Lebensmittel einzukaufen. Die Marktleute bieten Tee-Eier und gefüllte Teigtaschen, Sojamilch und andere Leckereien an. Jugendliche stehen oft erst auf, wenn ihre Eltern mit dem Frühstück zurück sind. Egal, ob der Weg zur Arbeit oder zur Schule durch den Stadtverkehr oder über ruhige Landstraßen führt – er ist meist lang. Chinesen verabschieden sich mit „Geh langsam" – das ist ihre Art „Auf Wiedersehen" zu sagen.

RUSH HOUR IN DER STADT
Pendler radeln gemächlich zur Arbeit, aber wenn es anfängt zu regnen, treten sie in die Pedale, und die ganze Stadt verändert ihren Rhythmus. Neben Hauptstraßen gibt es breite Radwege, und da Autofahren in der Stoßzeit anstrengend ist, ist das Rad in der Stadt das beste Verkehrsmittel.

FRÜHSPORT IM PARK
Morgens wimmelt es in chinesischen Parks, Gärten und auf großen Plätzen von Menschen, die sich zu allen möglichen Aktivitäten versammeln. Hier praktiziert eine Gruppe von Senioren Tai-Chi – sanfte Übungen, bei denen es auf kontrolliertes Dehnen der Muskeln und tiefes Atmen ankommt. Manche Menschen singen im Freien Opern-Arien, andere nehmen Vögel, die sie als Haustiere halten, in einem hölzernen Käfig mit auf einen Spaziergang.

Großer Fächer für elegante, weit ausholende Bewegungen

AUF DEM SCHULWEG
Diese Stadtkinder sind auf dem Weg zu ihrer nahe gelegenen Grundschule. Heute haben immer mehr Eltern Autos und können ihre Kinder zur Schule fahren, aber für viele Kinder auf dem Land dauert der Schulweg mehrere Stunden und führt durch schwieriges, oft bergiges Gelände. Noch bevor der Unterricht beginnt, wird in der Schule auf dem Pausenhof Frühgymnastik gemacht.

„Die Arbeit beginnt mit Sonnenaufgang, das Ruhen beginnt mit Sonnenuntergang. Sorglos wandere ich zwischen Himmel und Erde."

Zhuang Zhou,
Philosoph, 4. Jh. v. Chr.

FÄCHERTANZ
Diese Menschen haben sich am frühen Morgen in Shanghai auf einer Terrasse am Flussufer eingefunden, um mit großen, bunten Fächern zu tanzen. Sie tanzen zu Livemusik oder bringen einen Kassettenrekorder und Lautsprecher mit, um den Takt vorzugeben. Ein Mitglied der Gruppe führt den Tanz an, und am Ende sind alle voller Energie für den Tag. Der Fächertanz hat eine lange Tradition in China: Körper und Geist jeden Morgen aufs Neue zu beleben, ist ein wichtiger Brauch.

KLEINER IMBISS
Von 5 Uhr 30 bis etwa 9 Uhr morgens sind in chinesischen Städten Imbissbuden zu finden, die Kleinigkeiten zum Frühstück verkaufen. Hier bekommt man frittierte Teigstangen und Pfannkuchen, die mit Schweine- oder Lammfleisch oder Eiern und Gemüse gefüllt sind.

FRÜHSTÜCK AUF DEM LAND
Auf dem Dorf besteht das Frühstück meist einfach aus Reis oder Nudeln. Manchmal isst man hastig im Stehen, mit Essstäbchen oder gleich mit den Fingern. Trotzdem ist das Frühstück eine wichtige Mahlzeit, bei der sich die Menschen für den kommenden Tag alles Gute wünschen.

Bündel aus trockenen Reisern

BRENNSTOFF
Auf dem Land beginnt die Arbeit früh, meist schon bei Tagesanbruch. Oft gehen die Menschen noch vor dem Frühstück auf die Suche nach Brennmaterial für den Herd. Außerdem müssen sie ihren Tieren Futter und Wasser bringen.

Land der Vielfalt

China ist ebenso riesig wie vielfältig. Mit 1,3 Milliarden Einwohnern ist es das bevölkerungsreichste Land der Welt – jeder fünfte Mensch ist Chinese. 90 % der Chinesen gehören zur Volksgruppe der Han, es gibt aber noch 55 andere Volksgruppen mit eigenen Sprachen und Traditionen. Riesige Gebiete im Norden und Westen sind karge Wildnis, aber die dichtbesiedelte Ostküste ist von Millionenstädten, Häfen und boomenden Industriezonen gesäumt. Im Südosten gibt es Dschungel und tropisches Tiefland. Im Südwesten liegt die tibetische Hochebene, ein gigantisches Gebiet aus Fels und Eis, das an den Himalaja angrenzt. Zwei mächtige Flüsse – der Jangtse und der Gelbe Fluss – fließen durch China zum Meer und bilden eine lebenswichtige Transportverbindung.

REIS FÜR EIN GANZES VOLK
Diese Frau aus der Volksgruppe der Dai trägt Körbe mit Reissetzlingen. Wahrscheinlich wurde Reis erstmals um 8500 v. Chr. in China angebaut, und noch heute ist er das wichtigste Grundnahrungsmittel – so wichtig, dass eine der am meisten gebrauchten Begrüßungsformeln *„Chi fan le ma?"* lautet, zu deutsch „Hast du heute schon Reis gegessen?"

EIN RIESIGES LAND
China umfasst eine Fläche von rund 9,6 Mio. km² in Zentral- und Ostasien, damit ist es das viertgrößte Land der Welt. Seine lange Küstenlinie säumt das Ostchinesische und das Südchinesische Meer, die beide zum Pazifik gehören.

DACH DER WELT
Viele Gipfel im Himalaja, der auch „Dach der Welt" genannt wird, ragen mehr als 6000 m in die Höhe. Hier, im Basislager des Mount Everest in Tibet, starten Expeditionen zum höchsten dieser Gipfel mit einer Höhe von 8848 m über dem Meeresspiegel. Die Tibeter nennen ihn *chomolungma*, „Muttergöttin der Erde".

DAS VOLK DER TIBETER
In China leben 4,6 Mio. Tibeter – die eine Hälfte in Tibet, die andere in den nahen Provinzen Qinghai, Gansu, Sichuan und Yunnan. Im September 1951 wurde Tibet von chinesischen Truppen besetzt.

WÜSTE IM NORDEN
Fast ein Fünftel der Fläche Chinas ist Wüste. Die größten Wüsten liegen im Nordwesten, wo sich Sanddünen und felsige Ebenen in alle Richtungen erstrecken. Baktrische Kamele gehören zu den wenigen Tieren, die in dieser unwirtlichen Umgebung überleben können. Die Uiguren nutzen zahme Kamele als Lasttiere und ihren Dung als Brennstoff.

DAS VOLK DER MIAO
Südchina ist die Heimat von etwa 9 Mio. Miao. Es gibt viele verschiedene Miao-Gruppen, wie z. B. die Hmong, und jede kleidet sich anders und trägt ihre eigenen Frisuren und ihren eigenen Silberschmuck. Weitere Miao-Gruppen leben in Vietnam, Laos und Kambodscha.

MODERNE METROPOLE
Hongkong ist eine kleine Insel vor der Küste Südostchinas. Die Ansicht mit den grellen Neonreklamen und den funkelnden Wolkenkratzern ist weltberühmt. Abseits des Stadtzentrums besteht Hongkong zu drei Vierteln aus Wald und Bergen.

WINDGEPEITSCHTE STEPPE
Das Klima in Nordostchina ist extrem hart, mit bitterkalten Wintern und heißen, trockenen Sommern. Nur wenige Menschen leben in diesem abgelegenen, aber wunderschönen Landstrich. Die meisten sind mongolische Nomaden, die ihre Rinder, Schafe und Ziegen vom Pferd aus hüten.

NATURSCHÖNHEITEN
Die überwältigende Landschaft am Fluss Li in dem Gebiet Guangxi hat viele der größten Schriftsteller und Künstler Chinas inspiriert. Der Fluss windet sich durch steile, mit üppiger Vegetation überzogene Kegelberge, und fruchtbares Ackerland bedeckt die Talsohle. Die Namen der Berge beschreiben ihre Form, z. B. „Elefantenrüsselberg".

Eine lange Geschichte

Die ältesten menschlichen Spuren in China sind 600 000 Jahre alt. Mit einem Alter von 4000 Jahren ist China die älteste noch bestehende Hochkultur der Welt. Die erste große Herrscherdynastie waren die Shang (um 1650–1027 v. Chr.). Aber erst 221 v. Chr. wurden die vielen zerstrittenen Königreiche zu einem Großreich vereinigt. Damit begann die Qin-Dynastie (221–207 v. Chr.), die eine einheitliche Schrift und Währung schuf, um ihre Herrschaft zu festigen. Die Han-Dynastie (207 v. Chr.–220 n. Chr.) baute einen mächtigen Beamtenapparat auf, um das Reich zu verwalten. In den folgenden 2000 Jahren wurde das System der Kaiserherrschaft in China durch Machtkämpfe und fremde Eroberungen erschüttert, es blieb aber bis 1912 bestehen.

BRONZEZEIT
Dieser Bronzedolch stammt aus der Zeit der Shang-Dynastie, als kunstfertige Metallschmiede herausragende Bronzegegenstände wie Messer, Speere, Axtköpfe und Opfergefäße schufen. Auch in Knochen geritzte alte chinesische Schriftzeichen sind aus dieser Zeit erhalten.

TERRAKOTTA-ARMEE
1974 fanden Bauern in der Nähe der alten Hauptstadt Xi'an in der Provinz Shaanxi Tausende von Kriegern aus gebranntem Ton. Die lebensgroßen Soldaten, zum Teil mit Pferden, bewachten seit 209 v. Chr. das unterirdische Grab des ersten chinesischen Kaisers Qin Shihuangdi. Die Figuren waren ursprünglich mit leuchtenden Farben bemalt, aber die Pigmente verblassten, als sie Wind und Wetter ausgesetzt waren. Heute ist die Anlage eine von Chinas wichtigsten Touristenattraktionen.

Kobaltoxid sorgt für die blaue Farbe.

MEISTERWERKE AUS PORZELLAN
Zur Zeit der Ming-Dynastie (1368–1644) wurde Kunsthandwerk in Massenproduktion gefertigt. Viele schöne Ming-Vasen, oft blau-weiß verziert, wurden exportiert. Die besten Exemplare sind heute über 8 Mio. Euro wert. Während der Ming-Dynastie wurde Beijing (Peking) zur Hauptstadt und China erreichte den Höhepunkt seiner Macht.

Kublai Khans Jagdgesellschaft, Seidenmalerei

MONGOLENKRIEGER
Im 13. Jh. wurde China von den Mongolen erobert. Der Kriegerkaiser Kublai Khan beherrschte ein riesiges Reich, das sich von Europa bis nach Asien erstreckte. Khan begründete die Yuan-Dynastie, die von 1279 bis 1368 an der Macht war.

GEFÄHRLICHES LASTER
Während der Qing-Dynastie wurde viel Opium geraucht, eine Droge, die aus Mohn gewonnen wird. Gewöhnlich stopfte man Opium und Tabak zusammen in eine lange Pfeife und rauchte sie zum Tee. Das Opium wurde von den Briten aus Indien eingeführt. Weil China im 19. Jh. versuchte, die Opiumimporte zu unterbinden, führten China und Großbritannien zwei Kriege.

Geschnitztes Bambusrohr

Alte Opiumpfeife

Pu Yi als Kaiser der japanischen Mandschurei, um 1940

DER LETZTE KAISER
Pu Yi begann sein außergewöhnliches Leben als letzter Kaiser der Qing-Dynastie, die China seit 1644 regiert hatte. Er kam 1908 als kleines Kind auf den Thron, aber als China 1912 Republik wurde, musste er abdanken – die Zeit der chinesischen Kaiser war vorüber. 1931 besetzte Japan die Mandschurei im Nordosten Chinas und machte Pu Yi dort zum „Kaiser". Nach der Niederlage Japans 1945 wurde Pu Yi von der Kommunistischen Partei verhaftet, später aber aus dem Gefängnis entlassen, sodass er ein ruhiges Leben als gewöhnlicher Bürger führen konnte.

DIE GROSSE MAUER
Ab dem 3. Jh. v. Chr. bauten die Qin-Kaiser eine riesige Mauer als Schutz gegen Nomaden aus dem Norden. Spätere Dynastien, v. a. die Ming-Kaiser, bauten die Mauer aus – die letzten Steine wurden im 17. Jh. verbaut. Sie erstreckt sich über mehr als 2400 km von der Wüste bis zum Meer und ist das größte Bauwerk der Welt.

Wachtürme in regelmäßigen Abständen

Fortsetzung von Seite 11

Krieg und Revolution

Als das Kaiserreich 1912 endete, war China durch erbitterte Konflikte und politische Unruhen zerrissen. Die junge Republik war schwach und viele Gruppen kämpften um die Macht, darunter die Kommunistische Partei Chinas (KPCh) und die Chinesische Nationalpartei (Kuomintang, KMT). 1937 kämpften sie vereint gegen Japan, aber 1945 brach erneut ein Bürgerkrieg aus. Schließlich schlugen kommunistische Truppen den Widerstand der KMT nieder, deren Anführer flohen nach Taiwan, wo sie eine Gegenregierung errichteten. 1949 gründete Mao Zedong (KPCh) auf dem chinesischen Festland die Volksrepublik China und begann damit eine Revolution, die über 25 Jahre andauerte. Er verbot Religion, ächtete Privatbesitz und verzichtete auf traditionelle Methoden der Landwirtschaft, der Wirtschaft und der Erziehung. China war jetzt ein anderes Land, teils durch den Kommunismus, teils durch Angst geprägt.

NANKING
1937 bombardierten japanische Flugzeuge im Chinesisch-Japanischen Krieg (1937–1945) Nanking. Anschließend plünderten die japanischen Truppen die Stadt und töteten Tausende von Zivilisten. Aber China baute seine Armee wieder auf und gewann den Krieg mithilfe der USA.

REVOLUTIONSFÜHRER
Mao Zedong krempelte China völlig um, weil er seine kommunistische Vision verwirklichen wollte. Er war ein skrupelloser Führer, und von 1958–1961 starben mindestens 30 Mio. Menschen infolge seiner Politik den Hungertod. Doch die Chinesen sollen Mao weiter dafür ehren, dass er den einfachen Arbeitern geholfen und China stark gemacht hat.

Das kleine Buch passt in die Hemdtasche.

DAS ROTE BUCH
Zitate aus den Schriften und Reden des „Großen Vorsitzenden" Mao wurden 1964 in dem sogenannten *Roten Buch* veröffentlicht. Darin sind Aussagen Maos gesammelt und es wird erklärt, wie man ein guter Staatsbürger im kommunistischen China wird. Zur Zeit der Kulturrevolution mussten die Menschen das Buch immer bei sich tragen und Maos Worte in der Schule und auf der Arbeit studieren. Etwa 900 Mio. Exemplare des *Roten Buchs* wurden gedruckt – mehr als von jedem anderen Buch der Welt, mit Ausnahme der Bibel.

KULTURREVOLUTION
Von 1965 bis zu Maos Tod 1976 bekämpfte die Kommunistische Partei alle Traditionen. Universitätsdozenten, Schriftsteller, Unternehmer, Regierungsangestellte und Politiker, die man als Gegner der Revolution betrachtete, wurden als Verräter bestraft. Viele Studenten schlossen sich einer Bewegung an, die sich „Rote Garden" nannte. Die Roten Garden durchstreiften China, um Feinde Maos ausfindig zu machen.

„Eine Revolution ist nicht dasselbe, als ob man Leute zum Nachtessen einlädt oder eine Abhandlung schreibt … Sie ist ein Aufstand, ein Akt der Gewalt, durch welchen eine Klasse die andere stürzt."

Mao Zedong,
März 1927

Mao in Freizeitkleidung, als „einer vom Volk"

VOLKSKOMMUNEN
Mao nahm den privaten Grundherren ihr Land und teilte es unter den Menschen auf. Er gliederte die Landflächen in Kommunen, die jeweils aus ein paar Tausend Familien bestanden. In einer Kommune wurde alles geteilt, vom Ackerland bis zu den Speisesälen, dem Schulhaus und sogar den Möbeln. Nichts gehörte einem allein. Diese Szene zeigt glückliche Arbeiter, die Mao in ihrer Kommune begrüßen, aber in Wirklichkeit war seine Politik eine Tragödie für China. Die Ernten gingen zurück, Millionen verhungerten, die Gesellschaft brach zusammen.

DIE GEBURT DES MODERNEN CHINA
Deng Xiaoping, der auf diesem Plakat zu sehen ist, war vom Ende der 1970er-Jahre bis zum Anfang der 1990er-Jahre der wichtigste kommunistische Führer Chinas. Er nahm einen großen Teil der Politik Maos zurück und ermutigte die Menschen, Unternehmen zu gründen und Handel zu treiben. Unter Deng wurde Chinas Wirtschaft zu einer der am schnellsten wachsenden in der Welt.

UNBEKANNTER REBELL
Ein einsamer Demonstrant brachte im Juni 1989 in Beijing Panzer zum Stehen. Er gehörte zu einer Bewegung, die wochenlang politische und wirtschaftliche Veränderungen gefordert hatte. Im April und Mai 1989 versammelten sich zahlreiche Demonstranten auf dem Tian'anmen-Platz (Platz des Himmlischen Friedens) mitten in Beijing. Sie weigerten sich zu gehen, bis die Armee am 4. Juni den Feuerbefehl bekam. Hunderte von Menschen wurden getötet und Tausende verletzt. Bis heute werden Informationen darüber in den chinesischen Medien zensiert.

DIE ÜBERGABE HONGKONGS
Bei dieser Zeremonie am 30. Juni 1997 erlangte China nach über 150 Jahren britischer Herrschaft die Kontrolle über Hongkong zurück. Hongkong war 1840 von britischen Streitkräften eingenommen worden, als das chinesische Reich schwach und von Feinden umgeben war. Später unterzeichneten chinesische Vertreter ein Abkommen, wonach Großbritannien Hongkong bis 1997 regieren sollte. Seit der Übergabe ist es eine sogenannte Sonderverwaltungszone Chinas mit eigenem Wirtschafts- und Rechtssystem.

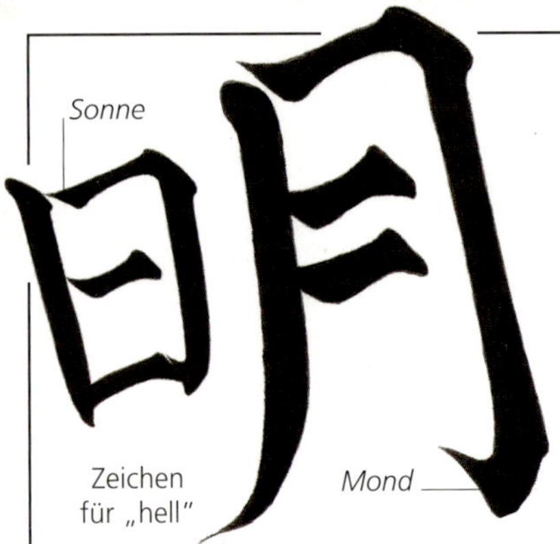

SYMBOLSCHRIFT
Die chinesische Schrift benutzt keine Buchstaben, sondern Symbole. Manche dieser Zeichen werden aus einzelnen Elementen zusammengesetzt. So vereint z. B. das Zeichen für „hell" (oben) die Symbole für zwei helle, strahlende Dinge – „Mond" und „Sonne".

Die chinesische Sprache

Zur chinesischen Sprachfamilie gehören Tausende von Dialekten. Chinesisch wird von mehr Menschen gesprochen als jede andere Sprache der Welt. Die Nationalsprache ist Mandarin, das landesweit in den Schulen gelehrt und im Fernsehen und im Radio gesprochen wird. Aber in den Provinzen und Dörfern werden eigene Dialekte gesprochen. Manche weichen so sehr von der Standardsprache ab, dass die Menschen sich nur auf Mandarin verständigen können. Chinesische Schriftzeichen entstammen einem der ältesten Schriftsysteme der Welt. Ein chinesisches Wörterbuch enthält bis zu 56 000 Zeichen. Man muss etwa 6000 davon beherrschen, um ein gutes Buch lesen zu können.

NEON IN HONGKONG
Die ehemals britische Kolonie Hongkong hat ältere Schriftzeichen bewahrt – wie man an diesen Neonreklamen sehen kann. Die Inselbewohner sprechen Kantonesisch. Die meisten haben Mandarin erst gelernt, nachdem Hongkong 1997 wieder an China zurückgegeben wurde.

MAOS HANDSCHRIFT
Der Titel der Zeitung *People's Daily* nutzt eine Schrift, die auf der Handschrift Maos beruht. Seine Kalligrafie wurde häufiger gezeigt als die jedes anderen chinesischen Führers. Man sagt, dass es mit etwas Übung möglich ist, die Persönlichkeit und die Interessen eines Menschen aus seinem Kalligrafie-Stil herauszulesen.

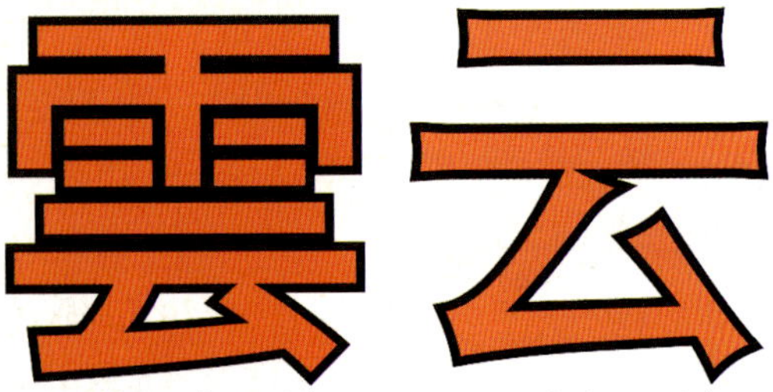

SCHREIBVARIANTEN
Hier sieht man das traditionelle und das vereinfachte Schriftzeichen für „Wolke". 1964 beschloss die Regierung, die Schrift zu vereinfachen. In Hongkong, Macao und Taiwan benutzt man aber noch die traditionellen Zeichen.

KEBAB-PIKTOGRAMM
Das Leuchtzeichen über diesem Straßenkiosk ist das chinesische Schriftzeichen *chuan*, das „Kebab" bedeutet. Ein solches Zeichen nennt man Piktogramm, weil es den Gegenstand, den es beschreibt, direkt abbildet. Etwa 600 chinesische Schriftzeichen sind Piktogramme.

KALLIGRAF BEI DER ARBEIT
Kalligrafie nennt man eine sorgsam ausgeführte, fließende Handschrift, die geduldiges Üben erfordert und für die man Federn und Pinsel in verschiedenen Formen und Größen benötigt. In China ist es Brauch, schöne Kalligrafien als Geschenk zu überreichen. Dieser Meister der Kalligrafie schreibt Glücksschriftzeichen, die er an seinem Stand verkauft. Eines der beliebtesten Zeichen ist *fu*, „Glück", das viele Chinesen am Eingang ihres Hauses befestigen.

Reibstein

Stangentusche

Pinsel aus Ziegenhaar

REIBSTEIN UND PINSEL
Kalligrafen brauchen Tusche, einen Reibstein als Gefäß, einen Pinsel und Papier. In China nennt man diese Utensilien traditionell die „vier Schätze des Gelehrtenzimmers". Chinesische Stangentusche wird aus einer Mischung aus Ruß und Leim hergestellt. Sie wird zu festen Stangen geformt und vor dem Gebrauch im Reibstein mit Wasser angerührt.

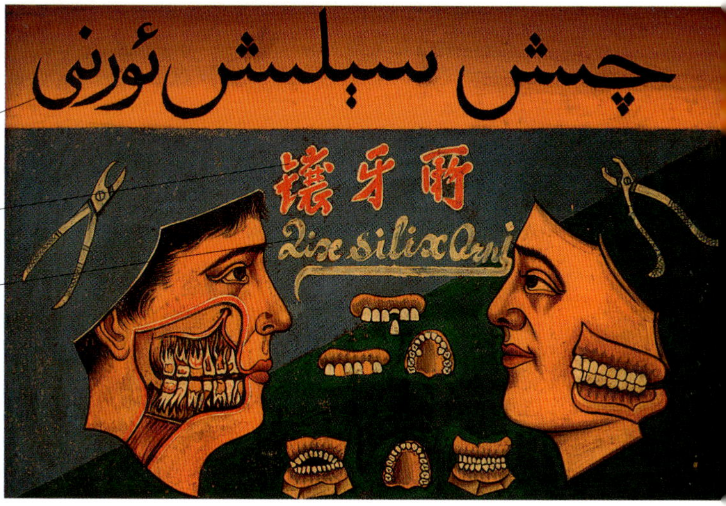

Arabische Schrift

Chinesische Schrift

Uigurische Schrift

EIN LAND, VIELE SPRACHEN
Dieses Schild eines Zahnarztes zeigt drei Sprachen: Arabisch, eine alte Form von Uigurisch und Chinesisch. Es stammt aus dem muslimisch geprägten Gebiet Xinjiang, in der die einheimische Bevölkerung zum größten Teil aus Uiguren besteht, einer der 55 offiziell anerkannten ethnischen Minderheiten in China. Jede von ihnen hat ihre eigene Sprache.

Schriftzeichen für fu („Glück")

FLAGGE ZEIGEN
Die chinesische Flagge wurde 1949 entworfen, kurz nachdem die Kommunistische Partei an die Macht kam. Der rote Hintergrund steht für das Blut derer, die im Bürgerkrieg und bei der Verteidigung Chinas gegen Japan gefallen sind. Der große Stern steht für die Führung der Partei und die vier kleineren Sterne stellen die Klassen der Gesellschaft dar.

Nationalbewusstsein

Das Bewusstsein der chinesischen Nation beruht auf der Vorstellung, dass jeder Chinese zu einer großen Familie oder *tongbao* gehört, was wörtlich „gemeinsame Abstammung" bedeutet. Die Chinesen betonen oft die Liebe zu ihrem Land und ihr Ideal ist, dass die Menschen nach einem glücklichen Zusammenleben und nicht nur nach persönlichem Glück streben sollen. Die Stabilität ihres Lands sehen Chinesen eher von außen bedroht als von innen. Der Wunsch nach sozialer Stabilität überlagert oft das Interesse für die Rechte des Einzelnen. So haben Wanderarbeiter in den Städten zum Beispiel kaum Rechte, können es sich aber nicht leisten, sich zu beschweren. Viele meinen, dass es in der Frühphase der Entwicklung zu einer modernen Nation zunächst wichtiger ist, die Wirtschaft in Gang zu bringen, bevor ihre Kinder eines Tages in den Genuss größerer Freiheiten kommen. Wenn die Menschen das Gefühl haben, ihre Bürgerrechte würden nicht geachtet, kann es aber auch zu Protesten kommen.

TEEHAUSGEPLAUDER
Im Teehaus treffen sich Menschen aller Altersgruppen, um bei einer Tasse Tee (rechts) Klatsch und Tratsch auszutauschen. Diese Gelegenheiten bieten eine zuverlässige und schnelle Möglichkeit, Informationen zu übermitteln, vor allem, weil es sehr lange dauern kann, Informationen von offiziellen Stellen zu erhalten.

PLATZ DES HIMMLISCHEN FRIEDENS
Im Herzen Beijings liegt der Tian'anmen-Platz, der größte Platz der Welt, der 1 Mio. Menschen fasst. *Tian'anmen* bedeutet „das Mandat des Himmels empfangen und die Dynastie festigen". Zur Zeit der Kaiser war hier das politische Zentrum Chinas. Heute ist der Platz für chinesische wie für ausländische Touristen eine der beliebtesten Sehenswürdigkeiten.

MILITÄRMACHT
Die Volksbefreiungsarmee (VBA) mit ihren 2,25 Mio. aktiven Soldaten ist die größte Streitkraft der Welt. Sie besteht aus einem Heer, der Marine, der Luftwaffe und Raketenstreitkräften. Die VBA inszeniert bombastische Paraden zur Demonstration von Chinas Macht und ihrer Fähigkeit, das Land zu schützen.

AKTIENKAUF
Täglich wechseln an Chinas Börse Millionen von Aktien den Besitzer. Nach den Wirtschaftsreformen Deng Xiaopings von 1989 sahen viele Menschen im Geldverdienen einen Weg zu größerer persönlicher Freiheit. Mit wachsendem Wohlstand fühlten sie sich eher in der Lage, ihre Lebensweise frei zu wählen.

FEIER DES NATIONALTAGS
An Chinas Nationalfeiertag (1. Oktober) kommen Hunderttausende auf dem Tian'anmen-Platz zusammen, um den Jahrestag der Gründung der Volksrepublik China zu feiern. Viele schwenken chinesische Flaggen, und es gibt Umzüge und spektakuläres Feuerwerk. Jeder Chinese kann sich eine Woche freinehmen, um das Ereignis zu feiern, und viele Menschen aus den Provinzen nutzen die Gelegenheit für eine Reise in ihre Hauptstadt.

Slogan der Kommunistischen Partei

Tibetische Frauen werben in ihrer Tracht für die Wahl.

WAHLEN AUF DEM DORF
Diese Frauen aus der Provinz Qinghai wählen ihre Dorfvorsteher. Es sind nur Lokalwahlen – die Führer der nationalen Partei werden nicht gewählt. Manchmal mischt sich die Regierung in die Wahlen ein, indem sie die Zahl der Kandidaten beschränkt, die Wähler unter Druck setzt oder die Wahl manipuliert. Viele Dorfwahlen werden aber auch fair und erfolgreich durchgeführt.

PROTEST FÜR DEMOKRATIE
Jedes Jahr am 1. Juli finden in Hongkong Kundgebungen für Demokratie statt. Seit Hongkong 1997 an China zurückgegeben wurde, äußerten seine Bewohner immer wieder den Wunsch, ihre Tradition von Demokratie und Redefreiheit, das Vermächtnis der britischen Herrschaft, zu bewahren.

Mode im Wandel

In der Kaiserzeit waren edle Roben ein Zeichen von Rang und gutem Geschmack, während die gewöhnlichen Chinesen schlichte Kleidung trugen. Die Kommunistische Partei fegte die alten Traditionen beiseite – nun musste jeder, ob Bauer oder Staatschef, die gleiche Kleidung tragen. Heute können die Chinesen anziehen, was ihnen gefällt. Die meisten bevorzugen westliche Kleidung, weil die alten chinesischen Kleider teuer geworden sind, aber Angehörige der ethnischen Minderheiten fertigen noch ihre eigene traditionelle Kleidung in Handarbeit.

DES KAISERS KLEIDER
Dieses bestickte Seidengewand wurde im 19. Jh. in den letzten Jahrzehnten der Qing-Dynastie gefertigt. Zur Kaiserzeit wurde Seide nur von Angehörigen des kaiserlichen Hofs und von mächtigen Beamten getragen, um ihren hohen Status zu demonstrieren.

KLEIDUNG AUS GUIZHOU
Jede ethnische Gruppe in China hat ihre traditionelle Art sich zu kleiden. Heute trägt man diese Kleidung in der Regel nur bei Feierlichkeiten und anderen besonderen Gelegenheiten, aber manche Menschen ziehen sie an, um ihre Identität zu bewahren. In der Provinz Guizhou im Südwesten Chinas nähen die Frauen der Miao wunderschöne Stoffstreifen auf ihre Kleider. Je edler das Design, desto besser sind die Heiratsaussichten des Mädchens.

MODE FÜR DEN LAUFSTEG
Das hier gezeigte glamouröse Kleid wurde für eine Modenschau in Hongkong kreiert. Bei der wachsenden Zahl reicher Chinesen sind teure Kleidung und Modenschauen sehr beliebt. Die besten Modedesigner des Lands verbinden oft chinesische Stoffe, Muster und Nähtechniken mit westlichem Stil.

SYMBOL FÜR MODERNITÄT
Jacketts nach westlichem Vorbild haben Mao-Anzüge als Arbeitskleidung abgelöst, sogar auf Baustellen. Die Jacketts sind erschwinglich, weil sie in chinesischen Fabriken gefertigt werden, und sie sind ein Symbol für die neue Wirtschaftskultur des Lands.

Karren mit Bauwerkzeugen und sonstiger Ausrüstung

Jackett anstelle von Overall

JUGENDKULTUR
Rock und Punk sind in China Lebenseinstellungen, nicht nur Musikrichtungen. Ihre Fans lehnen die etablierte Gesellschaft und die Politik ab, weshalb sie bei der Regierung unbeliebt sind. Diese Untergrundkultur ist voller Energie, rebellisch und sie reagiert schnell auf neue Trends.

„Heute tragen die jungen Leute nur Fabrikware. Sie wollen die traditionelle Kleidung nicht mehr."

Anonym
Weberin, Provinz Yunnan, 1997

MAO-ANZUG
Diese berühmte blaue Uniform kennt man als Mao-Anzug. Früher wurde sie von den meisten chinesischen Männern und Frauen getragen. Trotz seines Namens wurde der Anzug nicht von Mao erfunden, sondern von Sun Yat-sen, der 1912 der erste Präsident der neuen Republik China wurde. Er wollte die Kleidung der Kaiserzeit ablegen und das Land modernisieren. Angelehnt an eine neue japanische Mode, sollte die Uniform bequem, einfach und billig sein. Heute werden Mao-Anzüge vorwiegend von den Älteren getragen.

Passende Schirmmütze

Jackett aus strapazierfähiger Baumwolle

PRAKTISCHE KLEIDUNG
Im ländlichen China haben die meisten Menschen wenig Geld für Kleidung. Sie tragen einfach das, worin ihnen im Sommer nicht zu warm und im Winter nicht zu kalt ist. Strohhüte etwa schützen bei der Arbeit im Freien vor Sonne und vor Regen. Viele Frauen tragen Ärmelschoner wie hier auf dem Foto, damit die Ärmel bei der Feldarbeit oder in den Fabriken nicht schmutzig werden.

Hutongs und Hochhäuser

CHAI
Dieses Schriftzeichen bedeutet „Abriss". Damit markiert man Hutongs, die abgerissen werden sollen, um Platz für neue Gebäude zu schaffen.

Enge Gassen, sogenannte Hutongs, durchzogen früher ganz Beijing, und in den alten Stadtvierteln gibt es sie noch. Sie werden beidseitig von den Außenmauern einstöckiger Häuser mit Innenhöfen gesäumt. Auf den Straßen wird gekocht, gebadet, man züchtet Tauben, spielt Schach und geht vielen anderen Tätigkeiten und sozialen Aktivitäten nach. Beijing wächst rasend schnell, und seit den 1990er-Jahren hat man viele Hutongs abgerissen, um Platz für breitere Straßen und neue Hochhäuser zu schaffen. Manche Menschen genießen die Privatsphäre und die Bequemlichkeit einer modernen Mietwohnung, aber andere bedauern den Verlust ihres beschaulichen Gemeinschaftslebens.

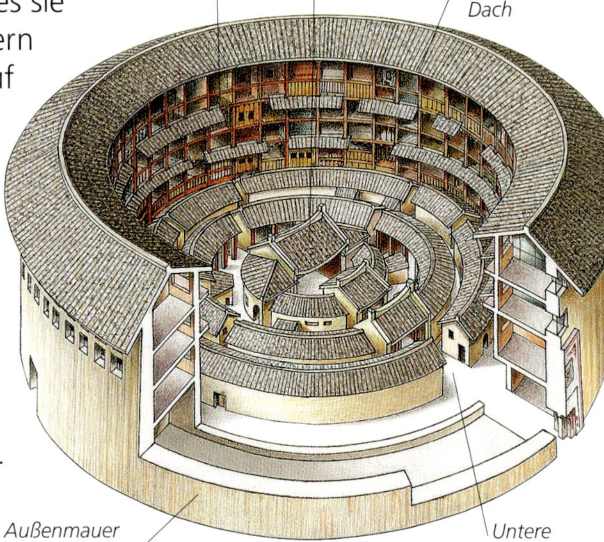

TULOU
Viele der regionalen Wohnformen Chinas gibt es noch heute. In der Provinz Fujian baut das Volk der Hakka seit dem 17. Jh. Rundbauten, die Tulous. Sie haben dicke Wände aus gepresstem Lehm und – ursprünglich zu Verteidigungszwecken – unten keine Fenster. Das durchgehende Erdgeschoss teilen sich oft mehrere Hundert Bewohner.

TRADITIONELLE HÄUSER
In dieser alten Straße im Schatten eines Geschäftsviertels in Shanghai halten die Bewohner zusammen. Heute leben immer weniger Städter in solchen Straßen mit niedrigen Häusern, und die neuen Wohnblocks sind in einem ordentlichen Gittersystem angelegt. Die traditionelle Art zu wohnen verschwindet aus vielen Städten in ganz China.

BEENGTES WOHNEN
Oft leben mehrere Familien auf engstem Raum in einem Innenhofhaus. Früher gehörte jedes Haus in Pekings Hutongs nur einer Familie, aber Ende der 1950er-Jahre erzwang das kommunistische Regime das gemeinsame Wohnen und so mussten sich die Menschen den Besitz teilen.

WOHNUNGSMARKT
Die Skyline der neuen Städte wird von hohen Wohnblöcken mit modernen Mietshäusern bestimmt. Viele Wohnungen werden auf Immobilienmessen an Investoren verkauft, die sie dann an Wanderarbeiter oder Ausländer weitervermieten.

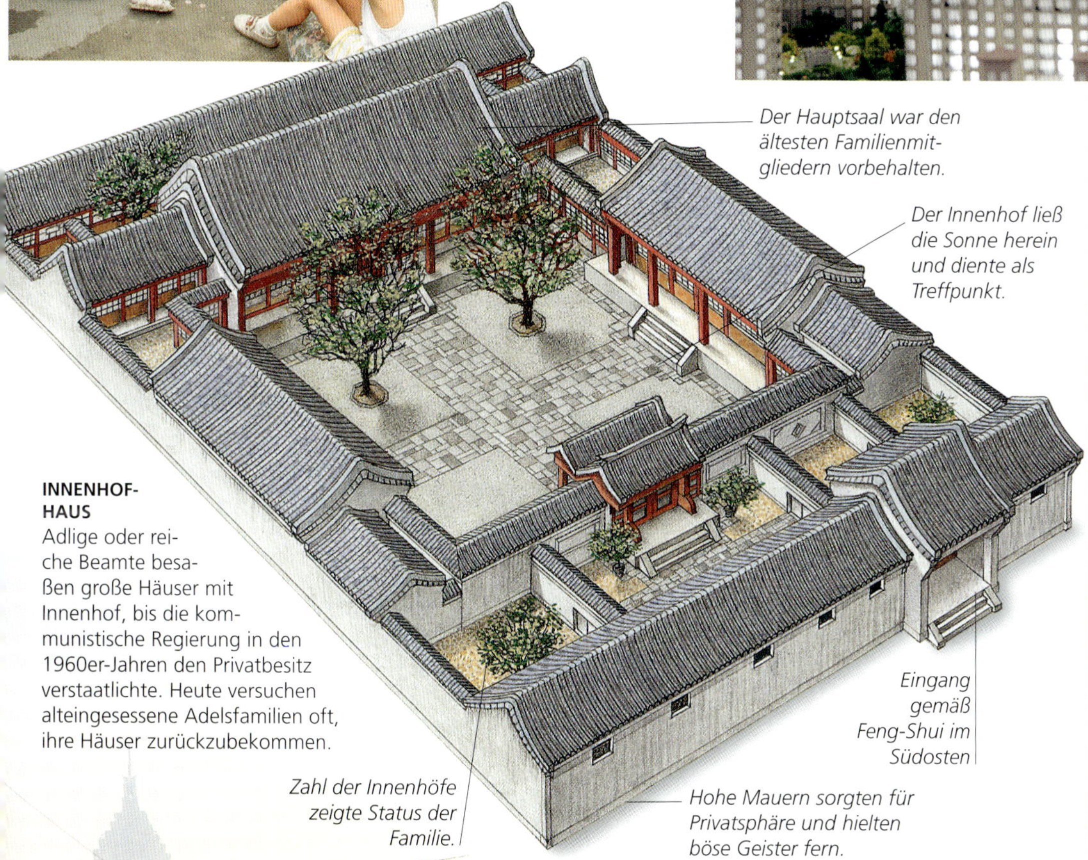

INNENHOF-HAUS
Adlige oder reiche Beamte besaßen große Häuser mit Innenhof, bis die kommunistische Regierung in den 1960er-Jahren den Privatbesitz verstaatlichte. Heute versuchen alteingesessene Adelsfamilien oft, ihre Häuser zurückzubekommen.

HÖHLENHÄUSER
Höhlen sind im Sommer kühl und im Winter warm, und sie kosten nichts, deshalb wohnen im trockenen Nordwesten einige der ärmsten Chinesen in solchen Behausungen.

„VENEDIG DES OSTENS"
Im östlichen China sind viele kleine Städte entlang von Wasserwegen gebaut. Ein paar alte Kanalstraßen, wie hier in Suzhou, gibt es noch. Manche hat man auf traditionelle Weise wiederaufgebaut und nun sind sie eine Attraktion für Touristen aus ganz China.

Willkommen daheim

Wie in den meisten Ländern ist auch in China das Zuhause vor allem eine Zuflucht, in der sich die Menschen mit ihrer Familie entspannen und vor der Außenwelt geschützt sind. Aber chinesische Familien wohnen eng beisammen, teilen Zimmer oder Betten, und viele Großeltern ziehen zu ihren Kindern und Enkeln. Unter solchen Bedingungen Ruhe zu finden, betrachten Chinesen als wichtige Kunst. Die Chinesen sind stolz auf ihr Heim und putzen es im Frühjahr für das Neujahrsfest von oben bis unten. Man glaubt, dadurch werde Pech vertrieben und das Haus für das Glück geöffnet. Manche Familien gönnen ihren Fenstern und Türen einen neuen Anstrich in frischem Rot, das als Glücksfarbe gilt. Viele chinesische Häuser sind nach den Prinzipien des Feng-Shui gebaut und eingerichtet. Feng-Shui ist eine Lehre, die versucht, zwischen den Menschen und der „natürlichen Energie" ihrer Umgebung Harmonie herzustellen. Sie enthält mystische Vorstellungen und gibt praktischen Rat, zum Beispiel wo man Möbel aufstellen sollte.

ZENTRALHEIZUNG
In alten Bauernhäusern in China gibt es oft eine Bank an der Wand des Wohnzimmers, die *kang*. Hier sind es gleich zwei, auf denen die ganze Familie schläft. Unter der *kang* ist ein Hohlraum, in den aus einem Ofenrohr heiße Luft geleitet wird. Die Ziegel bleiben die ganze Nacht warm, sogar wenn das Feuer ausgeht. Tagsüber wird die Bank als Tisch oder als Sofa genutzt und ist das Herz des Hauses.

FENG-SHUI-BERATER
Wenn Chinesen ein Haus kaufen, fragen sie manchmal einen Feng-Shui-Experten, ob es sich in einer guten Lage befindet und wie sie es einrichten sollen. Der Berater benutzt Instrumente wie die *bagua*, eine kreisförmige Tabelle, um den Fluss der „natürlichen Energie" um das Gebäude zu bestimmen.

TRAUTES HEIM, GLÜCK ALLEIN
Dieses Paar aus Beijing ist typisch für viele junge Familien in Chinas Städten. Es teilt sich eine kleine Zweizimmerwohnung mit seiner Tochter, und alle müssen im selben Zimmer essen, schlafen, sich anziehen, fernsehen und lernen. Zwar ist wenig Platz, doch die Arbeitsplätze sind sicher, und so können die Eltern für ihr Kind einen Computer, Bücher und Spielzeug kaufen.

Isolierte Thermoskanne

Traditionelles Blumenmuster

ERFRISCHUNGSGETRÄNKE
Bis vor Kurzem gab es solche Kannen in jedem chinesischen Haushalt. Man kochte Wasser auf dem Herd in einem Wok und die Kannen hielten es warm, sodass man den ganzen Tag über Tee oder heißes Wasser hatte. Die Kannen waren in China ein Zeichen von Modernität und beliebte Hochzeitsgeschenke, doch heute werden sie durch elektrische Wasserkocher ersetzt.

ABENDLICHE UNTERHALTUNG
Abends werden in China Millionen Partien Mahjong gespielt, v. a. wenn sich Freunde am Wochenende treffen. Bei diesem Spiel für vier Spieler braucht man Glück und Geschick. Die Regeln sind ähnlich wie beim Rommé. Beim Mahjong gibt es verschiedene Sorten von Spielsteinen (Bambus, Kreise und Zahlen) und das Ziel ist, gleiche Steine oder Folgen einer Sorte zu sammeln. Es gibt auch besondere Steine mit Winden, Drachen und Blumen, die den Spielverlauf beeinflussen.

Mahjong-Steine sind meist aus Plastik oder Marmor.

KÜHLER KOPF, WARME FÜSSE
Wenn man in China ein Haus betritt, zieht man die Straßenschuhe aus und schlüpft in Pantoffeln, Flipflops oder Pumps – niemand läuft drinnen barfuß. Die meisten Häuser haben Fliesen- oder Lehmboden, sodass die Füße leicht kalt werden, und es ist ein alter Glaube, dass man krank wird, wenn die Füße zu kalt sind.

Gästen bietet man bei der Ankunft Pantoffeln an.

Ein Pekinese – die Hunderasse stammt aus Peking (Beijing).

DER BESTE FREUND
Als Haustiere wurden Hunde während der Kulturrevolution in den 1960er- und 1970er-Jahren von der Kommunistischen Partei verboten, weil man sie für einen überflüssigen Luxus hielt. Heute sind Hunde wieder sehr in Mode. Familien halten häufig einen Hund zu ihrem Schutz oder nur zum Spaß, und reiche Leute halten Tiere mit Stammbaum als Statussymbol.

Abwasch in einer Schüssel auf dem Fußboden

SCHLICHTE EINRICHTUNG
Arme Familien besitzen meist nur wenige Möbel – ein paar Betten, einen Tisch, Stühle und Hocker und vielleicht einen Kleider- oder Küchenschrank. Ihr wichtigster Besitz ist oft ein schwerer Eisen- oder Lehmherd, der mit Holz oder Kohle beheizt und zum Kochen und Heizen benutzt wird. Beim Kochen, Abwaschen und Wäsche waschen sitzt man auf dem Fußboden oder auf niedrigen Hockern. Die Hocker sind oft schöne Antiquitäten.

Öffnung im Dach für die Lüftung

An den Seiten können Fenster und Türen sein.

MOBILES ZUHAUSE
Viele Volksgruppen haben ihre eigenen Behausungen. Nomadisch lebende Mongolen wohnen in Zelten, den Jurten oder *gers* (links), die aus schwerem Filz oder Leinen und einem Holzgerüst gebaut werden. Ein *ger* ist innen recht komfortabel (oben) und bietet viel Platz.

NATIONALSTADION VON BEIJING
Diese Computergrafik zeigt das Leichtathletikstadion für die Olympischen Spiele 2008 in Beijing, das 100 000 Zuschauer fasst. Die komplizierte Stahlkonstruktion, die aussieht wie geflochtene Zweige, hat ihm den Spitznamen „Vogelnest" eingebracht. Gewaltige Bauprojekte sind ein Zeichen für Chinas wachsenden Wohlstand im 21. Jh.

Metropolen

Einige chinesische Städte gehören zu den am schnellsten wachsenden der Welt. Shanghai ist die größte Stadt Chinas, mit mehr als 13 Millionen Einwohnern gehört sie zu den größten Städten der Welt. Die nächstgrößten Städte Chinas sind Beijing, Guangzhou, Shenzhen, Wuhan und Hongkong. Die meisten Chinesen leben noch immer auf dem Land, aber viele arme Leute wandern in die Städte, um dort Arbeit zu suchen. 2015 wird wahrscheinlich die Hälfte der Chinesen in der Stadt leben. Das schnelle Wachstum der Städte führt zu Problemen wie Verschmutzung, Wohnungsmangel und Knappheit von Strom und Wasser.

DAS SHANGHAI VON HEUTE
Die Luftaufnahme von Shanghai zeigt Straßen, die in einer Spirale auf die Nanpu-Brücke führen, die oben links auf diesem Foto den Huangpu-Fluss überquert. Shanghai ist das Wirtschafts-, Finanz- und Produktionszentrum Chinas. Aber diese Metropole ist erst seit den 1860er-Jahren eine bedeutende Stadt, davor war sie nur ein verschlafenes Fischerdorf.

VERSCHMUTZUNG IN DEN STÄDTEN
Wegen der Luftverschmutzung ist das Leben in Chinas Städten oft ungesund. Häufig ist die Luft durch Abgase und Fabriken so stark verschmutzt, dass Radfahrer einen Mundschutz tragen. Das Wasser ist durch Fabrikabfälle und Abwässer verunreinigt, die in Flüsse und Seen gelangen. Die Städte bemühen sich aber um Sauberkeit – z. B. werden alte Autos verboten, die zu viele Abgase ausstoßen.

NICHTS GEHT MEHR!
Lange, breite Straßen durchziehen die Städte. Früher waren sie leer und ruhig, aber heute sind sie lärmende, verstopfte Autobahnen, denn immer mehr Chinesen können sich eigene Autos leisten. Manchmal kommt man in einer Stunde nur ein paar Kilometer voran.

ARMUT
Vor den 1980er-Jahren gab es in China kaum Bettler. Das kommunistische Regime garantierte den Menschen einen Arbeitsplatz und eine Wohnung und stoppte die Zuwanderung durch Reisebeschränkungen. Heute kontrolliert China seine Wirtschaft nicht mehr so streng. Die Städte sind in dem neuen System reicher, aber die Ärmsten sind nun obdachlos, bekommen kaum Hilfe vom Staat und müssen betteln.

Ein fliegender Händler bietet Fleisch an.

ESSEN AUF RÄDERN
Fliegende Händler bauen ihre Stände an Straßenecken, in Gassen und auf Plätzen oder unter Brücken auf. Es gibt immer ein reichhaltiges Angebot an frischen Lebensmitteln, Snacks oder köstlich zubereitetem Essen.

BAUBOOM
Mehr als 50 chinesische Städte haben eine Einwohnerzahl von über 1 Mio. Menschen. Um der Überbevölkerung Herr zu werden, bauen die Stadtplaner nach oben, denn in Hochhäusern können mehr Menschen in derselben Gegend wohnen und arbeiten. Die riesigen Baustellen schaffen Tausende von Arbeitsplätzen, und viele Menschen verlassen die ländlichen Gebiete, um in der Stadt zu arbeiten. Die Löhne sind in der Regel niedrig, aber die Arbeiter verdienen mehr als zuvor.

Neue Wohnungen in Hochhäusern

Das Haus wird neu gebaut.

Alte Häuser werden abgerissen.

Alles in Bewegung

Die Chinesen bereisen ihr Land wie nie zuvor. Bis in die 1990er-Jahre war es schwierig zu reisen, weil die Regierung bestimmte, wohin und wie oft die Bürger reisen durften. Viele Menschen verbrachten ihr ganzes Leben in derselben Stadt oder im selben Dorf. Heute können es sich immer mehr Chinesen leisten, mit Bus oder Bahn zu reisen, um Arbeit zu suchen, zu studieren oder Urlaub zu machen. In den Städten ersetzen Millionen von Pendlern ihre Fahrräder durch Autos. Auch Flugreisen – früher für die meisten Chinesen nur ein Traum – haben Konjunktur. Um die Nachfrage zu befriedigen, sind neue Autobahnen und Flughäfen geplant.

WASSERSTRASSEN
Im Landesinnern fahren die Menschen oft mit dem Wassertaxi zur Arbeit. 10 % der Frachtgüter werden per Boot über Flüsse und Kanäle befördert, v. a. in den abgelegenen Gebieten in Zentral- und Südchina.

FAHRRADPARKPLATZ
In den Städten gibt es so viele Fahrräder, dass Pendler für Fahrradparkplätze bezahlen. Manche Städte haben Räder von den Hauptstraßen verbannt, um Platz für den übrigen Verkehr zu schaffen, wodurch die Luftverschmutzung zunimmt.

REISEFREIHEIT
Bus und Bahn sind in China bestens ausgebaut und billig. Früher war das Reisen streng kontrolliert. Man konnte nicht einfach eine Fahrkarte für den Fernverkehr oder ein Flugticket kaufen, sondern musste zuerst seinen Arbeitgeber um Erlaubnis fragen, der dann die Fahrkarte anfordern konnte. Auch für eine Übernachtung in den meisten Hotels oder für eine Auslandsreise brauchte man eine Genehmigung. Mittlerweile wurden solche Einschränkungen aufgehoben, um die Wirtschaft anzukurbeln.

Mautquittung

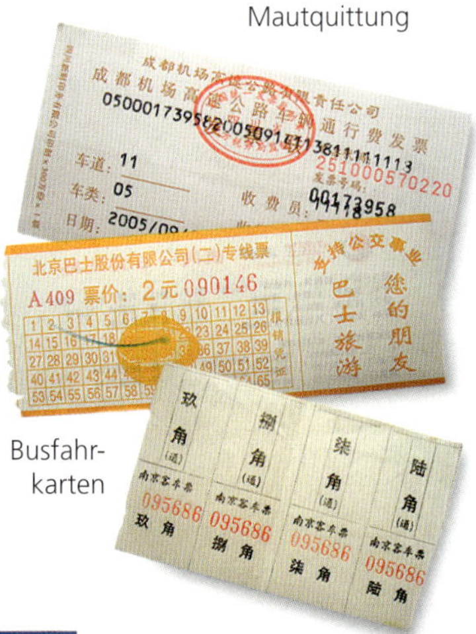

Busfahrkarten

ZEICHENSPRACHE
Straßenschilder verwenden alle die offizielle Schriftsprache, Mandarin. So können alle Chinesen sie lesen, egal welchen Dialekt sie sprechen. Für Ausländer tragen manche Schilder zusätzlich eine Pinyin-Umschrift in das lateinische Alphabet.

Der Fahrer geht oder läuft.

RIKSCHAS
Von Menschen gezogene Rikschas wie diese erinnern daran, wie wohlhabende Chinesen früher reisten. Sie wurden durch schnellere Fahrradrikschas ersetzt, die aber auch verschwinden, weil die Menschen nicht im Freien in den Abgaswolken sitzen wollen.

CHEK LAP KOK
Hongkongs internationaler Flughafen ist einer der am meisten angeflogenen der Welt – fast minütlich starten oder landen hier Flugzeuge. Er wurde auf einer großen künstlichen Insel gebaut und gilt als eine der größten Ingenieurleistungen des 20. Jh.

Sportwagen der chinesischen Firma Geely

AUTOVERRÜCKT
Dieses Model trägt ein traditionelles Kostüm aus der Pekingoper auf einer der großen Autoschauen in China. Die Präsentationen ziehen Tausende von Besuchern an. In China werden mehr neue Autos verkauft als irgendwo sonst, abgesehen von Japan und den USA. Ein Grund für die Begeisterung der Chinesen für Autos ist, dass früher niemand ein eigenes Auto haben durfte. Das erste Privatauto Chinas rollte 1984 auf die Straße.

DOPPELDECKER
1904, als die Insel noch eine britische Kolonie war, entstand in Hongkong ein Straßenbahnnetz. Über ein Jahrhundert später verfügt Hongkong über eine schnelle, moderne U-Bahn, aber die nostalgischen Doppeldecker-Straßenbahnen sind bei den Einheimischen noch immer sehr beliebt.

VERKEHRSMITTEL DER ZUKUNFT?
Die Magnetschwebebahn *Maglev* (der aus Deutschland importierte *Transrapid*) von Shanghai (unten) erreicht eine Geschwindigkeit von bis zu 500 km/h. Kräftige Magnete lassen die radlosen Wagen ein paar Millimeter über der Betonfahrbahn schweben. Die Magnete werden durch Computer so gesteuert, dass der Zug schnell auf große Geschwindigkeiten beschleunigt wird. Magnetschwebebahnen wurden in England und Deutschland entwickelt, aber 2004 setzte China sie als erstes Land für den öffentlichen Nahverkehr ein. Die Magnetschwebebahn von Shanghai ist nur 30 km lang und war sehr teuer. Es ist daher noch nicht sicher, ob diese Technik je normale Eisenbahnen ersetzen wird.

VERKEHRSCHAOS
Jedes Frühjahr kurz vor dem chinesischen Neujahrsfest reisen über 140 Mio. Menschen quer durch China, um mit ihren Familien zu feiern. Das ist die weltweit größte regelmäßige „Völkerwanderung". Die Bahnhöfe sind voll von aufgeregt lärmenden Menschenmengen. Nach dem Fest herrscht dann wieder Chaos, wenn sich alle auf die Rückreise begeben.

Made in China

Im 17. Jahrhundert brachten Schiffe Porzellan nach Europa, um es dort zu verkaufen, und auch sonst war China eine bedeutende Exportnation. Aber unter dem kommunistischen Regime des 20. Jahrhunderts veralteten die Fabriken. 1978 begann China endlich mit der Modernisierung seiner Fabriken und der Handel mit anderen Ländern nahm schnell zu. Heute ist es eine führende Industrienation, die „Werkshalle der Welt“. Immer mehr Menschen geben die Landwirtschaft auf, um in der boomenden Industrie zu arbeiten: So sind Millionen Chinesen der Armut entronnen. 2010 löste China Japan als zweitgrößte Wirtschaftsmacht der Welt ab und um die Mitte dieses Jahrhunderts könnte es an den USA vorbeiziehen.

ELEKTRONIK
Der größte Teil unserer Elektrogeräte, wie dieser MP3-Player oder auch die meisten Computer, Fernseher, DVD-Rekorder, Handys und Digitalkameras, wird in China hergestellt.

RUCKZUCK VERFRACHTET
Der Frachthafen von Hongkong ist einer der umschlagreichsten der Welt. Dort laufen mehrere Handelsrouten durch den Pazifik zusammen, und er ist ein Tor für Fracht von und nach China und andere asiatische Länder. Tag und Nacht durchlaufen tausende von Containern den Hafen, beladen mit allem Möglichen, von T-Shirts bis zu Fernsehgeräten.

AUTOMATISCHE FERTIGUNGSSTRASSE
Diese Industrieroboter schweißen den Stahlrahmen eines neuen Autos in einer modernen Fabrik in Beijing zusammen. Seit 2002 ermutigt die chinesische Regierung ausländische Firmen, Geld in Chinas Autofabriken zu investieren. Einige von Chinas modernsten Autofabriken sind jetzt Gemeinschaftsunternehmen chinesischer Firmen mit Unternehmen aus Europa, Nordamerika, Südkorea oder Japan.

Alte, kaputte Fahrräder werden wiederverwertet.

NACHFRAGE NACH ROHSTOFFEN

Recycling ist eine wertvolle zusätzliche Rohstoffquelle für Chinas Fabriken. So wird das Metall dieser alten Fahrräder sortiert und in einer Vielzahl neuer Produkte wiederverwendet. China verwertet auch Kunststoffe, Glas, Papier und Pappe, die sogar aus Nordamerika und Europa geschickt werden.

Diese Fabrik gehört der Beijing Automobile Industry Corporation (einem Autokonzern) und der südkoreanischen Firma Hyundai.

Stahlrollen werden verfrachtet.

SCHWERINDUSTRIE

China ist der weltweit größte Produzent und Importeur von Stahl. Millionen Menschen arbeiten in den Stahlfabriken, v. a. im Kernland der Industrie im Nordosten des Lands. Manche Fabriken beschäftigen ganze Städte. Der Stahl wird für die Bauindustrie gebraucht, aber auch für Chinas gigantische Pkw- und Lkw-Produktion und für den Schiffsbau.

Jeder Schuh wird von Hand fertiggestellt.

HARTE ARBEIT

Ein chinesischer Arbeitsplatz kann sich genauso in einem hypermodernen Kaufhaus mit hervorragenden Arbeitsbedingungen wie in einem überfüllten Ausbeuterbetrieb befinden. Dort arbeiten vorwiegend junge Frauen unter 30. In langen Schichten stellen sie Billigschuhe, Kleidung und Spielzeug her.

FABRIKKANTINE

Chinesische Fabriken bieten ihren Angestellten oft Essen und Unterkunft. Arbeiter, deren Zuhause zu weit weg liegt, als dass sie täglich pendeln könnten, schlafen in Gemeinschaftsschlafsälen in der Fabrik. Die größten Fabriken sind wie kleine Städte, in denen bis zu 200 000 Menschen leben. Manche Arbeiter sind ein ganzes Jahr von ihrer Familie getrennt und kommen nur für das Neujahrsfest nach Hause.

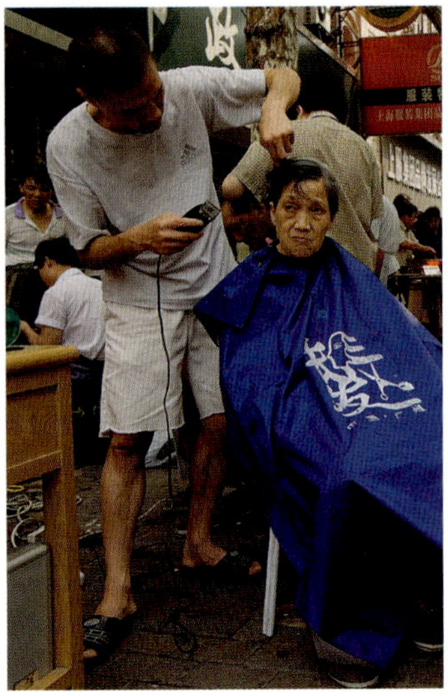

STRASSENFRISEUR
Die Chinesen nutzen einen Marktbesuch auch für andere Dinge, etwa um sich die Haare schneiden zu lassen. Märkte sind wichtige Treffpunkte und bieten eine Gelegenheit für Klatsch und Tratsch.

Auf dem Markt

Fast immer wimmeln die Märkte in China von Leben – und alle sind anders. Jeder Markt spiegelt den Charakter des jeweiligen Gebiets wider, zeigt seine Kultur und die heimischen Produkte. Viele Chinesen kaufen hier täglich frisches Gemüse und Fleisch. Dort findet man auch eine bunte Palette von Haushaltswaren wie Pantoffeln, Zahnbürsten, Taschen, Woks, Töpfe und Pfannen. Die Spezialmärkte in größeren Städten verkaufen so ziemlich alles von Haustieren über Teppiche und Schmuck bis zu Elektrogeräten. Anders als in den Läden sind die Waren hier nicht ausgezeichnet und man feilscht um die Preise. In ländlichen Gebieten sind die Wochenmärkte der Höhepunkt des Dorflebens. Die Dorfbewohner besuchen sie nicht nur zum Einkaufen, sondern auch zur Kontaktpflege.

ANTIQUITÄTEN ZU VERKAUFEN
Panjiayuan in Beijing ist Chinas größter Antiquitätenmarkt. Touristen und Einheimische kaufen hier alte Möbel, Töpferwaren, Schmuck und Kunsthandwerk. Überall wird gefeilscht, während die Käufer herauszufinden versuchen, ob die Ware echt oder gefälscht ist.

FRISCHES OBST AM STRASSENRAND
Markthändler bezahlen eine kleine Gebühr an die Lokalregierung, die viele arme Bauern, wie diese in der Stadt Kashi im Westen Chinas, nicht aufbringen können. Stattdessen verkaufen sie ihre Waren am Straßenrand, wobei sie oft weniger verlangen als die normalen Marktpreise. Wenn die Polizei die Straßenhändler entdeckt, kann sie ihre Waren beschlagnahmen.

TIERMARKT
Die meisten Städte haben eigene Pflanzen- und Tiermärkte. Käfigvögel wie die importierten afrikanischen Sittiche, die hier im Zentrum von Shanghai zum Kauf angeboten werden, waren lange Zeit die beliebtesten Haustiere in China. Seit die Einkommen steigen, entscheiden sich immer mehr Menschen für Hunde und Katzen oder auch exotische Fische, Echsen und Schildkröten. Haustiere haben in China eine lange Geschichte – es gibt Gemälde und Statuen von Hunden aus der Zeit der Han-Dynastie, und man weiß, dass Käfigvögel während der Tang-Dynastie bei Konzerten gesungen haben.

DAMPFGAREN
Diese Standbesitzerin ist von Dampfkochtöpfen aus Bambus umgeben, in denen sich weiche Hefeklöße stapeln. Der Topf im Vordergrund liegt auf einem Wok mit kochendem Wasser. Der Dampf, der aus dem Wok aufsteigt, hält das Essen heiß. Es ist eine gesunde Art zu garen, weil kein Öl oder Fett benutzt wird. Marktbesucher kaufen dieses einfache Essen als billigen Imbiss oder nehmen es mit nach Hause, um es dort zu einer richtigen Mahlzeit zu essen.

SEHR GESCHMACKVOLL
Auf jedem Markt gibt es mindestens einen Stand mit getrockneten Gewürzen und Kräutern. Die werden gemischt, um die „fünf Geschmacksrichtungen" der chinesischen Küche zu kreieren: süß, sauer, bitter, salzig und pikant. Mit den Kräutern gibt man nicht nur den Gerichten Geschmack, sondern man schätzt sie auch, weil sie gesund sind.

SHOPPING BEI NACHT
Am Vor- und Nachmittag herrscht auf den Märkten der meiste Betrieb, doch einige bleiben noch bis in die Nacht geöffnet. Im Sommer kaufen viele Menschen lieber in der abendlichen Kühle ein, v. a. in den heißen und feuchten Gebieten in Südchina. Auf einem Nachtmarkt (*yeshi*) ist die Luft erfüllt von dem Duft nach Gegrilltem, das auf hungrige Marktbesucher wartet.

Leben auf dem Dorf

Die Reise aus der Stadt in ein entlegenes Dorf kann leicht mehrere Tage dauern. Dort angekommen, betritt man eine völlig andere Welt. Hier kennt jeder jeden, fast alle sind Bauern und man sieht mehr von Eseln oder Ochsen gezogene Karren als Autos. Hier haben Verfahren und Traditionen überdauert, die seit Tausenden von Jahren von Generation zu Generation weitergegeben werden. In einigen der 900 000 Dörfer Chinas hat sich die Lebensweise überhaupt nicht verändert, andere wurden von der schnellen Veränderung der Städte erfasst. Millionen von Menschen verlassen ihre Dorfgemeinschaft, um in der Stadt zu arbeiten, die oft weit entfernt in einer anderen Provinz liegt. Sie schicken Geld und Geschenke nach Hause, um Verwandten und Kindern zu helfen. Auch wenn ihr Leben hart ist, sind Chinas Dorfbewohner berühmt für die Herzlichkeit und die großzügige Gastfreundschaft, die sie ihren Besuchern entgegenbringen.

IN VERBINDUNG BLEIBEN
Es gibt noch Dörfer in China, die sich wie hier ein Telefon teilen, aber die Kommunikation auf dem Land ist besser als je zuvor. Die meisten Bauern haben Handys, neue Wohnungen verfügen über einen Telefonanschluss und immer mehr Schulen haben einen Internetzugang.

SCHWEIN GEHABT!
In den Dörfern picken auf jedem Hof und jedem Feldweg Hühner nach Krümeln, und viele Häuser haben im Erdgeschoss oder im Hinterhaus einen Raum, in dem Schweine gehalten werden. Die Familien verkaufen die Tiere auf dem Markt, doch einige behalten sie für besondere Gelegenheiten. Schweine waren so wichtig für die Mahlzeiten und das Wohlergehen der Familie, dass sich das Schriftzeichen für „Zuhause" aus dem Zeichen für „Schwein" unter dem Zeichen für „Dach" zusammensetzt.

KOSTBARES NASS
Dorfbewohner brauchen Wasser zum Trinken, Baden, für Haushaltsarbeiten und für ihre Tiere und Feldfrüchte. Manche ländlichen Gebiete in China sind nicht an die Wasserversorgung angeschlossen, sodass die Menschen nicht einfach zu Hause den Hahn aufdrehen können. Wie diese Frau müssen sie Wasser vom Dorfbrunnen holen. Etwa 70 % der Flüsse und Seen in China sind von Industrie oder Landwirtschaft verschmutzt, weshalb viele Dörfer ihr Trinkwasser lieber aus tiefen Brunnen beziehen.

Eine Dorfversammlung

LOKALREGIERUNG
Die chinesischen Dorfbewohner wählen ihren Vorsteher, aber die Regierung bestimmt zusätzliche Vertreter des Dorfs. Sie treffen wichtige Entscheidungen, etwa welche Pflanzen angebaut werden, und manchmal berufen sie öffentliche Versammlungen in der Schule oder dem Dorfplatz ein, um die Lokalpolitik zu bereden.

TRADITIONELLES DORF
Abgesehen von den Telefonleitungen sieht das Dorf Xijiang in der Provinz Guizhou so aus wie ein Dorf vor Hunderten von Jahren. Die Holzhäuser und ungepflasterten Straßen kleben an einem Steilhang neben Reisterrassen. Am Wochenende kommen Stadtbewohner in schöne Dörfer wie dieses, um das ländliche Leben zu genießen. Familien bessern ihr Einkommen auf, indem sie Touristen auf ein köstliches hausgemachtes Essen hereinbitten.

DORFÄLTESTE
Tagsüber begegnet man in den Dörfern v. a. alten Menschen oder Kindern, weil die meisten Erwachsenen bei der Arbeit sind. Die Älteren werden wegen ihrer Weisheit geachtet und geben die Bräuche des Dorfs an ihre jüngeren Verwandten weiter. Konfuzius lehrte, dass die Familie zu ihren Ältesten aufschauen soll.

EIN NEUES LEBEN
Viele Dorfbewohner packen ihre Habseligkeiten und nehmen Abschied von ihren Familien, um in der Stadt zu arbeiten. Auf diese Reise begeben sich mehr Männer als Frauen – die verheirateten Frauen bleiben zurück und kümmern sich um den Hof. Die Abwanderer kommen nur in den Ferien nach Hause und bringen ihre mühsam verdienten Ersparnisse mit. Die Menschen träumen davon, genug zu sparen, um im Dorf ein neues Haus bauen oder eine Firma gründen zu können.

Landwirtschaft

Über 800 Millionen Menschen, etwa 60 % der Bevölkerung, leben in China von der Landwirtschaft. Die meisten sind Kleinbauern. China produziert mehr Reis, Süßkartoffeln, Baumwolle, Tabak und Seide als jedes andere Land. Aber die Landwirtschaft verändert sich schnell und die Lage vieler Bauern verschlechtert sich. Städte dehnen sich aus und die Dorfbewohner müssen ihr Land als Bauland abgeben, oft ohne jede Entschädigung. Andere Bauern müssen zusehen, wie ihre Felder durch verschmutztes Wasser zerstört oder von Wüsten verschlungen werden. Millionen ziehen fort, um in der Stadt ein neues Leben zu beginnen.

REISTERRASSEN
China ist ein riesiges Land, aber nur 15 % seiner Fläche sind für den Ackerbau geeignet. Wo immer es möglich ist, werden Pflanzen angebaut. In Gebirgsregionen wie hier in Südchina legen die Dorfbewohner Reisfelder an, indem sie Terrassen in Steilhänge schlagen und diese bepflanzen. Weil Land knapp ist und Felder immer in Gebrauch sind, legen die Bauern ihre Ernte oft auf Teerstraßen aus, um sie zu trocknen.

PFLANZENVIELFALT
Wegen der verschiedenen Klimazonen des Lands gedeihen in China vielerlei Pflanzen. Im Süden werden oft tropische Früchte gepflanzt, in den trockenen Bergregionen in Nordchina baut man dagegen Getreide wie Weizen, Hirse und Gerste an. Manche Reisbauern sind auf den Anbau von Gemüse, Baumwolle oder Tabak umgestiegen, die auf dem Markt höhere Preise erzielen.

BÜFFELSTARK!
Viele Bauern setzen Wasserbüffel (oben) oder Ochsen ein, um Felder zu pflügen und Karren zu ziehen. Die robusten Tiere sind billiger als Traktoren, produzieren wertvollen Dünger und können auch auf sumpfigen Feldern arbeiten.

MASSENPRODUKTION
Kommerzielle Landwirtschaft in großem Maßstab wird in China immer mehr üblich. Diese Arbeiter sortieren und verpacken in einer großen Lebensmittelfirma in der Provinz Zhejiang in Ostchina Orangen. Das Obst wird in den Städten verkauft oder nach Südostasien transportiert.

Maulbeerblätter – die einzige Nahrung der Seidenraupe

SPINNEREI
Seit mindestens 3000 v. Chr. stellen die Chinesen Seide her. Seide ist eine weiche, kostbare Faser, die aus den sorgfältig entwirrten Kokons der Seidenspinnerraupe gewonnen wird. Die Raupen werden in geheizten Räumen aufgezogen und mit Blättern gemästet.

VERWÜSTUNG
Im Nordwesten Chinas haben geringe Niederschlagsmengen und Überweidung durch Rinder die natürliche Vegetation vernichtet, und nun dringt die Wüste weiter nach Süden vor. Dabei begräbt sie Dörfer unter Sand, peitscht Staubstürme auf und vernichtet die Ernte. Hier wurde frisches Gras angepflanzt, um den Vormarsch der Wüste aufzuhalten.

ARBEIT AUF DEN FELDERN
Reis wird v. a. in den fruchtbaren Flusstälern von Zentral- und Südchina angebaut, größtenteils in der Provinz Yunnan, deren feuchtheißes Klima ideal dafür ist. Reis wird auf überfluteten Feldern angebaut, die von Lehmwällen umgeben sind, damit das Wasser nicht abläuft. Die Pflege erfolgt von Hand – eine für den Rücken sehr belastende Arbeit. China produziert etwa ein Drittel der Welt-Reisernte, muss aber trotzdem Reis aus Thailand und Vietnam importieren, um seine wachsende Bevölkerung zu versorgen.

Eine Arbeiterin pflanzt Reissetzlinge, einen nach dem andern.

Rhododendronblüte

Flora und Fauna

Wenn der hohe Norden Chinas von Schneestürmen gepeitscht wird, genießen die südlichen Provinzen vielleicht Sonnenschein, und während ein Teil des Lands unter Dürre leidet, kann ein anderes Gebiet von Regengüssen durchweicht werden. Die große Bandbreite von Klimazonen in China hat dazu beigetragen, viele Naturlandschaften und Lebensräume zu schaffen. Jeder Lebensraum beherbergt andere Arten von Wildtieren und Pflanzen, und so besitzt das Land eine vielfältige Flora und Fauna.

In China gibt es etwa 30 000 Arten von Pflanzen, 2500 Baumarten, 500 Arten von Säugetieren und 1200 Vogelarten. Chinas Pflanzen und Tiere haben schon immer Künstler, Dichter und Philosophen inspiriert, die Natur als Paradies auf Erden zu beschreiben. Sie lehrten, dass die Schönheit der Natur die Seele erquickt und dem Menschen geistige Erleuchtung geben kann. Heute sind die Chinesen wegen der Umweltzerstörung in ihrem Land zunehmend besorgt und bemühen sich, verschmutzte Flüsse, Seen und die Luft zu reinigen und die Ausbreitung der Städte zu kontrollieren.

Nadeln des Urweltmammutbaums *(Metasequoia)*

Chinesische Pfingstrose

EIN BLÜHENDES LAND

Chinas Nationalblume ist die Chinesische Pfingstrose, ein Symbol für Wohlstand und eine Zutat in traditionellen Heilmitteln. Sie wirkt fiebersenkend und entzündungshemmend. Sie wächst wild in Tibet und Nordchina, wird aber in Gärten in der ganzen Welt gepflanzt, ebenso wie viele andere chinesische Pflanzen, z. B. Rhododendren, Azaleen oder Magnolien. Entlegene Täler in Zentralchina beherbergen eine uralte Nadelbaumart, den Urweltmammutbaum. Er gilt als „lebendes Fossil", weil seine Vorfahren schon zur Zeit der Dinosaurier vor 100 Mio. Jahren lebten.

RETTET DEN RIESENPANDA!

Der Panda ist wohl das beliebteste Tier Chinas. Die Tiere leben in Wäldern in den entlegenen Berggebieten Südwestchinas, wobei sie sich fast ausschließlich von Bambus ernähren. Jahrzehnte der Waldzerstörung und des Wilderns haben dazu geführt, dass der Riesenpanda in freier Wildbahn bedroht ist, aber sein Überleben könnte endlich gesichert sein: In Naturschutzzentren wie dem Pandaschutzgebiet Wolong haben chinesische Wissenschaftler die Zuchtmethoden für Riesenpandas perfektioniert und nun gibt es eine stabile, in Gefangenschaft lebende Population.

Die langen Schwanzfedern des Männchens dienen zur Balz.

MÄCHTIGES RAUBTIER

Das größte Raubtier Chinas ist der Sibirische Tiger, der im Gebiet des Amur-Flusses im Nordosten Chinas und dem äußersten Osten Russlands lebt. Es ist eine waldreiche Wildnis, die mehrere Monate im Jahr schneebedeckt ist. Sibirische Tiger haben dickeres Fell als andere Tiger und ausgewachsene Männchen können 300 kg wiegen. Wilderer haben diese prächtigen Großkatzen beinahe ausgerottet – in China gibt es nur noch 20 frei lebende Exemplare, in Russland noch etwa 300 bis 350. Die Jäger verkaufen Knochen, Tasthaare und andere Körperteile zu hohen Preisen, da sie in der traditionellen chinesischen Medizin Einsatz finden.

ZOTTELTIER

Yaks sind robuste Rinder mit langem Fell aus den Hochebenen und Bergen des Himalaja und Tibets. Dort dienen sie nicht nur als Lasttiere, sondern Tibeter ernähren sich von Yakfleisch und Yakblut, machen Butter, Käse und Joghurt aus Yakmilch, Seile und Decken aus Yakwolle und verwenden Yakbutter als Brennstoff für ihre Lampen – nichts wird verschwendet. In Lhasa, Tibets Hauptstadt, schnitzen buddhistische Mönche für das alljährliche Butterlampenfest kunstvolle Skulpturen aus Yakbutter.

DREI-SCHLUCHTEN-DAMM

1994 begann die chinesische Regierung mit dem Bau des größten Staudamms der Welt, der in der Provinz Hubei durch den Jangtse führt. Seine wassergetriebenen Turbinen erzeugen so viel Strom, dass viele Fabriken und Städte damit versorgt werden können, aber das Projekt wird heftig kritisiert. Der riesige Stausee hinter dem Damm hat Landschaften und alte Kulturstätten sowie Tausende von Dörfern überflutet und das lokale Klima verändert.

SCHMUCKE VÖGEL

Fasane sind stämmige Vögel mit langen Schwänzen, die in den hügeligen Wäldern Zentral- und Südchinas leben. Trotz ihrer Größe und ihres prächtigen Federkleids sind sie nur schwer zu sehen. Eine andere interessante Vogelfamilie aus China sind die Kraniche – elegante, langbeinige Verwandte der Reiher.

BEDROHTES REPTIL

Der chinesische Alligator (hier ein Jungtier) ist viel kleiner als sein amerikanischer Verwandter und wird etwa 2 m lang. Nachts verlässt er seinen Unterschlupf, um Fische und kleine Wassertiere wie Muscheln und Schnecken zu jagen. Nicht einmal 500 chinesische Alligatoren leben noch in freier Wildbahn, alle am Unterlauf des Jangtse. Sie sind durch Jagd und Landwirtschaft bedroht, aber auch durch Dammbauprojekte, die ihren Lebensraum in den Feuchtgebieten zerstören.

Essen und Trinken

China hat eine der ältesten und abwechslungsreichsten Küchen der Welt. Zur Kaiserzeit wurden Bankette und Teezeremonien zu einer Kunst und nach wie vor sind Essen und Trinken in China eine nationale Leidenschaft. Die Küche variiert innerhalb des Lands enorm. Jede Region, jede Stadt, jede Volksgruppe hat ihre eigenen Gerichte und Tischsitten. Anlässe für Feste finden sich immer und bei jeder Feier, jedem Familienfest und jeder geschäftlichen Sitzung spielt Essen eine wichtige Rolle. Man isst mit Essstäbchen aus Holz, Bambus oder Plastik. Pro Jahr wurden in China 45 Milliarden Paar Wegwerf-Essstäbchen verbraucht, bis sie verboten wurden, um Abfall zu vermeiden.

Essstäbchen aus Holz

GESCHMACK IM WANDEL
Bis zum Ende der 1980er-Jahre blieb China von westlichem Fast Food verschont. Dann entstanden in den Großstädten Imbisse mit Burgern und Pizza und verbreiteten sich über das ganze Land.

Sichuan-Pfeffer

Rote Chilischoten

Fünf-Gewürze-Pulver

FEURIGES SICHUAN
Die Provinz Sichuan im Südwesten Chinas ist berühmt für ihr feurig-scharfes Essen, gewürzt mit Chili und pikanten Soßen. In viele Gerichte kommt Sichuan-Pfeffer – getrocknete Knospen mit Zitronenaroma, die im Mund prickeln.

Das Essen wird im eisernen Wok schnell gekocht.

Zongzi: *Klebreis wird in Bambusblätter gewickelt.*

FESTESSEN
Reisklößchen, *zongzi* genannt, isst man am Drachenbootfest, bei dem man an den Dichter Qu Yuan erinnert. Er ertränkte sich, um gegen korrupte Beamte zu protestieren. Einheimische, die Qu Yuan als guten Menschen kannten, warfen Reisklößchen ins Wasser, damit die Fische daran knabberten und nicht an ihm.

Oolong-Tee

Lapsang-Tee

Grüner Tee

Rosentee

TEESORTEN
In China werden Dutzende von Teesorten (*cha*) angebaut, manche werden wegen des Dufts oder einer Heilwirkung mit Blütenblättern vermischt. Chinesen trinken Tee zur Entspannung und um mit Freunden zu plaudern, oft in Teehäusern.

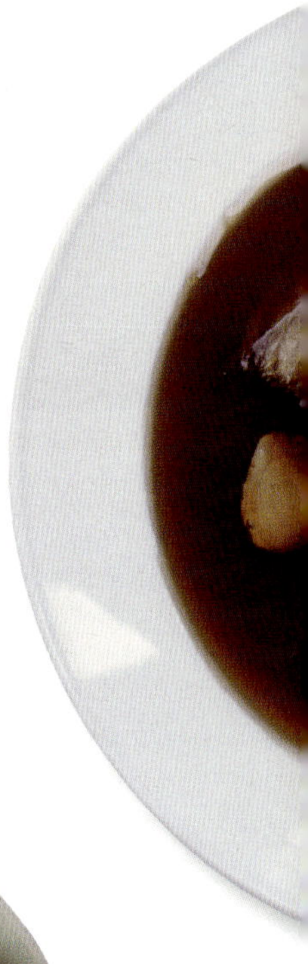

„Gezogene Nudeln" la mian

Sojasoße

DER TÄGLICHE REIS
Reis und Nudeln sind die Grundnahrungsmittel im größten Teil Chinas. Zu den Mahlzeiten nimmt man eine Schüssel mit Reis oder Nudeln und fügt Fleisch oder Gemüse von den Platten auf dem Tisch hinzu. Sojasoße aus Sojabohnen und gerösteten Weizenkörnern ist eine häufige Zutat in der chinesischen Küche und sie sorgt für eine pikante Note.

Schüssel mit Klebreis

Dim-sum-
Klößchen

Gegrillte
Schweinerippchen

LECKEREIEN
Die kantonesische Küche ist berühmt für ihre kleinen Häppchen (*dim sum*, das heißt „zu Herzen gehen"). Zu den vielen Arten von *dim sum* gehören Häppchen mit Garnelen, Fleisch oder Gemüse, die in kleine Klößchen aus Reismehl gewickelt werden. Die Chinesen essen *dim sum* als kleinen Imbiss zum Frühstück oder zu Mittag. Oft spülen sie sie mit einem Schluck Tee hinunter – in Südchina heißen sie *yum cha*, das bedeutet „Tee trinken".

Entenscheiben in Pflaumensoße

Peking-
ente

Pikanter Pfannkuchen

KANTONESISCHE KÜCHE
Das Zentrum der kantonesischen Küche liegt um Hongkong und Kanton. Typische Gerichte sind Schweinefleisch süß-sauer, gedünsteter Fisch, gebratener Tintenfisch, Rindfleisch in einer Soße aus schwarzen Bohnen oder *dim sum*. Die kantonesische Küche beherrscht weltweit die Speisekarten chinesischer Restaurants.

GETEILTES ESSEN
Pekingente ist ein klassisches Gericht, das in den 1860er-Jahren populär wurde. Die Ente wird in knusprig gerösteten Stückchen serviert. Jeder nimmt sich ein Stück, tunkt es in Pflaumensoße und wickelt es in einen dünnen Pfannkuchen. Chinesische Gerichte werden meist in großen Portionen für den ganzen Tisch serviert und mit der Familie und mit Freunden geteilt.

Haifischflossen-
suppe

EXOTISCHE ZUTATEN
Haifischflossensuppe ist eine teure Delikatesse, die bei Banketten wie Hochzeiten oder Geschäftsessen serviert wird. Dafür werden jährlich Millionen Haie gefangen, einige Haiarten sind deshalb vom Aussterben bedroht. Naturschützer fordern daher, keine Haifischflossensuppe mehr zu verkaufen. Andere ungewöhnliche chinesische Gerichte sind Seegras, Meeresschnecken, Hühnerfüße und Vogelnestsuppe.

FEUERTOPF CHONGQING
Dieses herzhafte Gericht ist eine Spezialität aus Chongqing, einer Industriestadt am Jangtse in Zentralchina. Man sitzt dabei um einen mit Holzkohle oder Gas beheizten Topf mit Chilisuppe, nimmt sich in kleine Stücke geschnittenes Fleisch und Gemüse und kocht es am Tisch in der Suppe. Wenn der Bissen gar ist, nimmt man ihn mit den Essstäbchen aus der deftigen Brühe heraus, träufelt etwas Soße darüber und fügt Knoblauch oder Sesam hinzu – fertig!

REGIERUNGSKAMPAGNE
Große Plakate erinnern die Menschen an die Ein-Kind-Politik. Oft stehen wie hier patriotische Slogans darauf, z.B. dass „das Vaterland zu einer reichen und starken Nation" wird, wenn jedes Paar nur ein Kind hat.

Familienleben

Chinesen sind stolz auf ihr Familienleben. Auf die Frage, warum jemand hart arbeitet, antwortet er bestimmt *Wei le jia*, „für meine Familie". Zum Qing-Ming-Fest im April besucht die Familie die Gräber ihrer Ahnen, um sie zu ehren, die Grabsteine zu reinigen und Essen und Wein als Opfer zu bringen. 1979 führte die Regierung unter Deng Xiaoping die „Ein-Kind-Politik" ein, wonach jedes Paar nur ein Kind haben darf. Damit sollte das schnelle Bevölkerungswachstum gebremst werden. Diese Politik hat erhebliche Auswirkungen auf chinesische Familien: Kinder wachsen ohne Geschwister auf und Eltern haben nur ein Kind, das sich im Alter um sie kümmern kann. Für junge Erwachsene kann das eine große Belastung sein, denn sie müssen genug verdienen, um den Lebensunterhalt und die medizinische Versorgung für ihre Eltern, Großeltern und sich selbst finanzieren zu können.

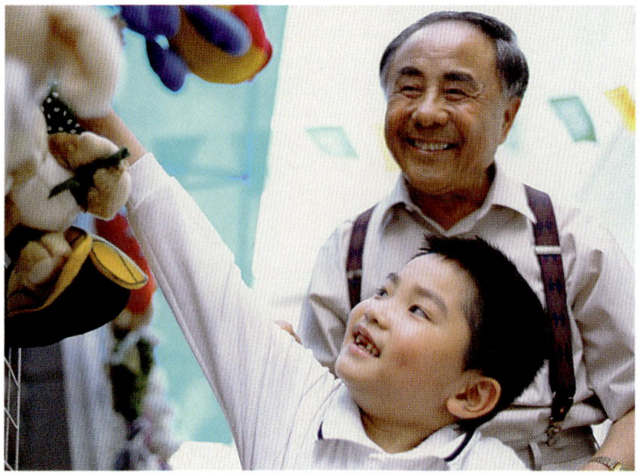

EINE HELFENDE HAND
Tagsüber sind Chinas Einkaufszentren, Parks und Märkte voll von Großeltern, die auf Kleinkinder aufpassen, deren Eltern bei der Arbeit sind. In Dörfern, wo viele arbeitende Eltern über elf Monate im Jahr nicht zu Hause sind, liegt die Erziehung der Kinder oft allein bei den Großeltern.

„Das alte Haus erscheint mir wie ein Traum, doch ich erinnere mich lebhaft an die Wärme der Heimat. Das Zuhause ist einzigartig auf der Welt."

Deng Yunxiang
über das Haus seiner Familie im alten Beijing

GROSSFAMILIEN
Den meisten chinesischen Familien droht eine hohe Geldstrafe, wenn sie mehrere Kinder haben, aber die Ein-Kind-Regelung gilt nicht für alle. Auf dem Land dürfen Eltern zwei Kinder haben, weil Überbevölkerung auf dem Land kein Problem ist und viele Menschen gebraucht werden, um die Felder zu bewirtschaften. Familien aus Chinas ethnischen Minderheiten dürfen so viele Kinder haben, wie sie wollen. Diese mongolischen Rinderhirten brauchen eine große Familie, die sich um die Tiere kümmert.

MASSENHOCHZEIT
Manche Paare lassen sich in Massenzeremonien trauen, oft an einem „Glückstag" wie dem Nationalfeiertag (1. Oktober). Paare buchen die Hochzeit manchmal als Paket inklusive Feier und Flitterwochen.

DATE IM INTERNET
Viele chinesische Jugendliche nutzen das Internet, um Partner kennenzulernen. Früher wurden die Ehen meistens arrangiert. Die meisten Großeltern im heutigen China wurden noch von ihren Eltern oder Vorgesetzten verkuppelt.

RITUALE FÜR DIE TOTEN
Auf Beerdigungen verbrennen Familien manchmal Papiermodelle von Geschenken für ihre Verstorbenen, die sie im Jenseits benutzen können und die den Reichtum der Familie symbolisieren sollen. Hier sieht man z. B. Modelle von Teetassen. Dieser Brauch ist aus einer Tradition entstanden, bei der auf Beerdigungen „Geistergeld" aus Papier verbrannt wurde, damit der Verstorbene im nächsten Leben Geld hatte. Die Trauernden bringen auch Gebrauchsgegenstände als Opfer dar, z. B. Zahnbürsten, Kämme, Essen, Wein und Schuhe.

GROSSFAMILIE
Das Abendessen dieser Familie aus Shanghai besteht aus gedünstetem Fisch, Huhn, gebratenem Reis und Suppe, die in einer ausgehöhlten Wintermelone serviert wird. Früher lebten drei oder vier Generationen unter einem Dach und aßen gemeinsam, aber das ist heute seltener geworden, v. a. in den Städten, wo viele Paare eine eigene Wohnung haben.

KONFUZIUS
Die Lehren dieses großen Philosophen (551–479 v. Chr.) prägen noch immer die Vorstellungen der Chinesen, was Familie, Erziehung, die Regierung und die Unterscheidung von richtig und falsch angeht. Konfuzius sagte, Lernen sei lebenswichtig und jeder solle lernen, gründlich nachzudenken.

Religion und Spiritualität

Viele Chinesen beten in buddhistischen, daoistischen und konfuzianischen Tempeln, aber auch in Kirchen oder Moscheen. Buddhas Lehre kam vor über 2000 Jahren aus Indien nach China. Etwa zur selben Zeit begründete der Gelehrte Laozi die daoistische Philosophie, nach der es von Vorteil ist, das natürliche Gleichgewicht der Welt zu bewahren. Der Konfuzianismus betont den Wert von Respekt, Freundlichkeit und Gehorsam. Der Islam wird in China seit über 1000 Jahren praktiziert und das Christentum seit mehreren Jahrhunderten. Unabhängig von ihrer religiösen Überzeugung glauben viele Menschen an die Macht von Wahrsagern und Glücksbringern und an den geistigen Nutzen körperlichen Trainings.

DER LACHENDE BUDDHA
Diese Statue von Buddha (geb. etwa 563 v. Chr.) hat ein lachendes Gesicht und einen dicken Bauch, Zeichen für Fruchtbarkeit und Überfluss. Viele Chinesen haben so eine Statue zu Hause oder im Büro, damit sie ihnen Wohlstand und Glück bringe. Eine weitere häufige buddhistische Figur ist Guanyin, die Göttin der Gnade.

Buddha thront auf einer heiligen Lotusblume.

Der linke Arm formt die „Peitsche".

Das Bein gleitet nach vorn, der Körper nähert sich dem Boden.

Teil einer klassischen Tai-Chi-Bewegung

TAI-CHI
Der Legende nach wurde Tai-Chi im 12. Jh. von einem daoistischen Mönch erfunden. Anders als bei anderen Kampfkünsten sind die Bewegungen sanft und langsam. Man glaubt, dass Tai-Chi den Fluss des Qi (Lebensenergie) im Körper verbessert. Viele Chinesen praktizieren es als eine Form der Meditation.

OPFERGABEN IM TEMPEL
Im Hof dieses buddhistischen Tempels sprechen die Gläubigen Gebete und entzünden Räucherstäbchen als Opfergabe an Buddha. Die meisten Chinesen besuchen ab und zu einen Tempel – auch wenn sie gar nicht religiös sind –, v. a. an Festtagen. Danach gehen sie gemeinsam essen oder trinken zusammen Tee, oft in einem Teehaus oder Restaurant gleich im Tempel. Viele Menschen, die an buddhistischen Ritualen teilnehmen, glauben auch an Aspekte anderer Religionen.

Kleine Ritualtrommel, die damaru

Ritualglocke, die drilbu, steht für Weisheit.

Der rote Überwurf verdeckt das gelbe Gewand darunter.

Buddhistischer Lama

TIBETISCHER BUDDHISMUS
In Tibet gibt es eine andere Form des Buddhismus, die auf dem Klosterleben basiert und die von spirituellen Führern, den Lamas, gelehrt wird. Etwa ein Viertel der Buddhisten in Tibet lebt in Klöstern, nach einer Tradition die aus dem 16. Jh. stammt. Tibet war früher ein unabhängiger Staat. Der oberste tibetische Mönch, der Dalai Lama, musste sein Land nach der Besetzung durch China verlassen.

SCHICKSAL IN DER HAND
Dieses Schild wirbt für die Dienste eines Wahrsagers oder Astrologen. Die meisten chinesischen Wahrsager betrachten zunächst die Handfläche des Kunden, um aus den Linien etwas über seine Vergangenheit und Zukunft zu erfahren. Sie benutzen auch astrologische Tabellen, denn in China ist der Glaube weitverbreitet, dass das Schicksal mit der Position der Sterne und Planeten zusammenhängt. Oft geht man vor wichtigen Entscheidungen, z. B. einer Hochzeit, zu einem Wahrsager.

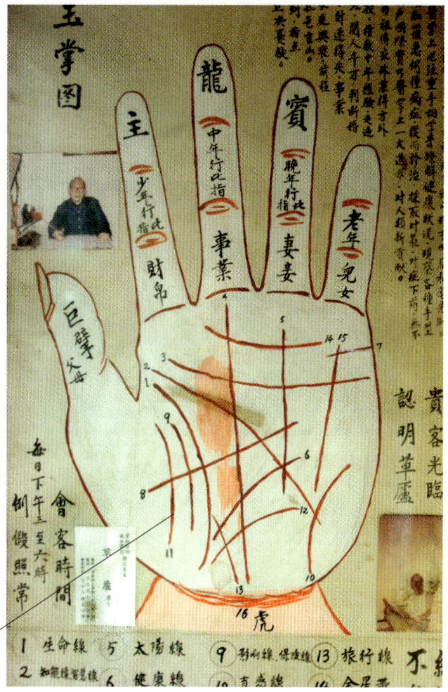

Jede Linie spiegelt einen anderen Aspekt des Charakters.

Blumenkränze werden von den Anhängern mehrerer Religionen getragen.

HEILIGE KOMMUNION
Diese Mädchen empfangen bei einer Weihnachtsmesse in einer katholischen Kirche die Heilige Kommunion. Etwa ein Fünftel der Chinesen gehört der katholischen oder einer anderen christlichen Kirche an – das Christentum ist die am schnellsten wachsende Religion in China. Aber die Regierung erlegt den Christen Beschränkungen auf – z. B. erkennt sie die Autorität des Papsts über die Katholiken nicht an. Aus Angst vor Verfolgung treffen sich viele Christen heimlich und beten versteckt in Privathäusern.

Die Arme sind bei der Meditation gekreuzt.

FALUN GONG
1992 gründete Li Hongzhi einen neuen religiösen Kult, den er Falun Gong nannte. Im Kern besteht er aus einer Folge von fünf Meditationsübungen, dazu kommen Gesetze und Vorstellungen, die dem Buddhismus ähnlich sind. Falun Gong wurde enorm populär, ist aber seit 1999 in China verboten.

MUSLIME IN CHINA
Der Islam ist in China nach dem Buddhismus die zweitgrößte organisierte Religion. Die meisten Muslime leben im Nordwesten des Lands und sind entweder Uiguren oder Hui. Die Hui sind angeblich die Nachfahren von Arabern, die Chinesen geheiratet haben, als sie vor Hunderten von Jahren mit China Handel trieben. Die religiösen Praktiken in China waren lange von denen in anderen Ländern isoliert, sodass der chinesische Islam einige ungewöhnliche Eigenheiten entwickelt hat. So dürfen Frauen in den Moscheen Vorbeter sein, was andernorts selten ist.

Feste

Das chinesische Jahr ist voller farbenprächtiger Feste, die auf der Nacherzählung alter Mythen und traditionellen Riten beruhen. Dazu gehören besonderes Essen, das Verbrennen von Räucherstäbchen, ausgefallene Kostüme, Feuerwerke, Straßenumzüge und ein Festmahl mit der ganzen Familie. Die meisten Feste liegen an wichtigen Daten im Mondkalender, der den Zyklen des Monds folgt. Das chinesische Neujahr (oder Frühlingsfest) ist das größte Fest. Es dauert etwa 15 Tage und für drei oder vier Tage feiert das ganze Land. Religiöse Feste waren von der Kommunistischen Partei verboten, sind aber wieder im Kommen. Die Menschen in den Städten feiern zunehmend auch westliche Feste wie zum Beispiel Halloween.

DRACHENBOOTFEST
Bei diesem Sommerfest rudern Mannschaften in langen, als Drachen geschmückten Booten um die Wette. Die Rennen sind laut, schnell und wild. Ursprünglich erinnerte das Fest an den Tod des Dichters Qu Yuan. Heute ist es ein Spaß für die ganze Familie.

MONDKUCHEN
Diese Süßigkeiten isst man zum Mondfest, das auf einen Vollmond fällt. Sie stehen für Harmonie, Gemeinschaft und den Mond selbst.

SILVESTER
Der letzte Tag im chinesischen Jahr wird *chuxi* genannt. Familien kommen zusammen, um das neue Jahr zu feiern, in den Tempeln Kerzen anzuzünden und auf den Gräbern ihrer Vorfahren Räucherstäbchen abzubrennen. Man isst gefüllte Teigtaschen, die *jiaozi*, und am Abend genießt jede Familie ein üppiges Mahl. Jugendliche bekommen *hongbao* – kleine rote Umschläge, die mit Geld vollgestopft sind – als Symbol für Wohlstand und Glück.

KHAMPA-TÄNZER
Eine Gruppe von Khampa tanzt bei einem der vielen Feste, die jeden Sommer in Tibet stattfinden. Mehrmals im Jahr unternehmen die Tibeter Pilgerreisen zu wichtigen Orten des Buddhismus wie Klöstern, Tempeln und heiligen Bergen. Pilger wandern oft tagelang ohne Pause, um an den Gebeten und Feierlichkeiten teilzunehmen.

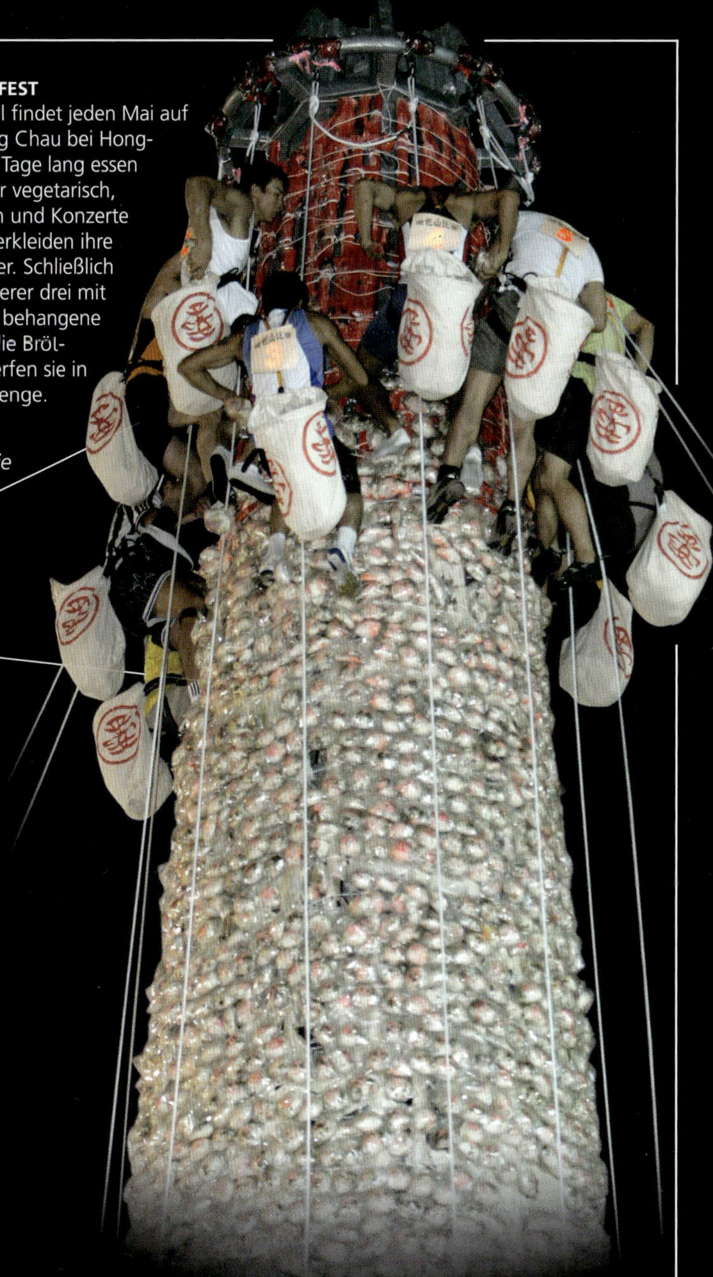

CHEUNG-CHAU-FEST
Dieses Spektakel findet jeden Mai auf der Insel Cheung Chau bei Hongkong statt. Drei Tage lang essen die Insulaner nur vegetarisch, besuchen Opern und Konzerte im Freien und verkleiden ihre Kinder als Geister. Schließlich erklimmen Kletterer drei mit süßen Brötchen behangene Säulen, reißen die Brötchen ab und werfen sie in die Zuschauermenge.

CHINESISCHES NEUJAHRSFEUERWERK
In ganz China veranstalten die Städte spektakuläre Feuerwerke zu Neujahr, so wie hier in Hongkong. Außerdem lässt man auf den Straßen Böller krachen. Der Lärm soll böse Geister vertreiben, z. B. *Nian*, ein legendäres menschenfressendes Monster. Eine andere Theorie besagt, dass dieser Brauch ursprünglich einen Drachen wecken sollte, der dann Regen machen und so im neuen Jahr eine gute Ernte bringen würde.

CHINESISCHE ASTROLOGIE
Der chinesische Mondkalender bestimmt nicht nur die Feste, sondern nach Meinung der Astrologie auch das menschliche Schicksal. Jedem Jahr wird in China eines von zwölf Tierkreiszeichen (unten) zugeordnet. Sie wiederholen sich in einem fortwährenden Kreislauf. Der chinesischen Astrologie zufolge sagt das Zeichen des Geburtsjahrs etwas über den Charakter eines Menschen aus. Ist man z. B. im „Jahr des Affen" geboren, ist man angeblich frech und ziemlich clever. Manche Eltern planen ihre Familie so, dass die Kinder in den Jahren der Tiere geboren werden, deren Eigenschaften sie am meisten schätzen.

Schlange 2013 | Pferd 2014 | Schaf 2015 | Affe 2016 | Hahn 2017 | Hund 2018

Bildung und Erziehung

SCHULBUCH
Bildung kostet in China Geld – die Eltern müssen ihren Kindern Schulbücher kaufen und Schulgebühren zahlen. Eine gute Ausbildung ist eine teure Sache, um sie bezahlen zu können, müssen in der Regel beide Eltern arbeiten gehen.

Bildung hat in China eine lange Tradition. 165 v. Chr. führte die Han-Dynastie die erste Staatsprüfung für Beamte ein und das Land wurde von Gelehrten regiert. Seither ist Bildung in China ein Schlüssel zum Erfolg. Die Bevölkerung ist heute so groß, dass der Wettbewerb in den Schulen hart ist. In den Städten erhöht die Ein-Kind-Politik den Druck auf die Kinder noch mehr, denn die Eltern wollen, dass ihr einziges Kind etwas erreicht. Die Kinder kommen mit 6 oder 7 Jahren zur Schule und bleiben dort, bis sie 14 sind. An den weiterführenden Schulen arbeiten die Schüler dann auf das zweitägige Gaokao (Aufnahmeprüfung für die Universität) im Juni hin. Wenn sie an die Universität gehen, verlassen viele junge Chinesen zum ersten Mal ihre Heimat.

URALTE INSPIRATION
Philosophie gehört in China seit 2500 Jahren zur Bildung. Noch heute lesen die Chinesen philosophische Texte, um im Alltag eine Orientierungshilfe zu haben. Diese Bronzeskulptur zeigt Laozi, einen großen Denker, der im 4. oder 6. Jh. v. Chr. gelebt und die chinesische Religion des Daoismus begründet hat. Laozis *Daodejing* lehrt die Weisheit, in friedlicher Harmonie mit der Natur zu leben.

„Lernen, ohne zu denken, ist nutzlos. Denken, ohne zu lernen, ist gefährlich. “

Konfuzius,
Aus den *Sprüchen des Konfuzius*,
um 479–221 v. Chr.

COMPUTERKURS
Manche Schulen bieten schon für Sechsjährige Computerkurse an. Chinesische Tastaturen verwenden Pinyin – eine Umschrift, bei der chinesische Worte in lateinischen Buchstaben wiedergegeben werden. Der Computer wandelt die Pinyin-Schreibweise am Bildschirm automatisch in die korrekten chinesischen Schriftzeichen um. Neben Computerwissen setzen Eltern und Schüler v. a. auf Naturwissenschaft, Technik und Mathematik. So glaubt man die besten Chancen auf einen Arbeitsplatz zu haben.

KLASSENZIMMER AUF DEM DORF
Acht von zehn Grund- und Mittelschülern in China besuchen Schulen auf dem Land. Diese sind oft arm, die Gebäude alt und nur einfach möbliert. Wanderarbeiter, die ihre Familien in die Stadt mitnehmen, stehen vor einem noch größeren Problem. Für sie ist es häufig schwierig, ihren Kindern eine Ausbildung zu ermöglichen, weil die Schulen in den Städten überfüllt oder zu teuer sind.

VERRÜCKTES ENGLISCH
Der Geschäftsmann Li Yang, der regelmäßig in den chinesischen Medien erscheint, wirbt vor vollen Rängen für „Verrücktes Englisch" – seine Methode, Englisch zu lernen. In seinen Vorträgen bittet Li das Publikum, englische Sätze in den Saal zu rufen und sie mit ihm gemeinsam zu singen. Er erzählt seinen Zuhörern, Englisch zu lernen sei wichtig, um ihre Chancen im Leben zu verbessern und Chinas Wirtschaft voranzubringen.

STUDIUM DER LEHREN MAOS
In den zehn Jahren von Mao Zedongs Kulturrevolution gab es keine normale Ausbildung in China. Die Universitäten wurden von der Obrigkeit geschlossen und es hieß, Handarbeit sei wichtiger. Intellektuelle, Akademiker und diese Studenten wurden gezwungen, auf Bauernhöfe zu ziehen und etwas über das Landleben zu lernen. Jeder Chinese musste zudem die revolutionären Lehren kennen, die der Vorsitzende Mao in seinem *Roten Buch,* auch „Mao-Bibel" genannt, niedergeschrieben hatte. Heute bezahlen viele Erwachsene, die während der Kulturrevolution keine Chance auf eine richtige Ausbildung hatten, für Abendkurse, um sich weiterzubilden oder eine Fremdsprache zu lernen.

LEBEN AN DER UNIVERSITÄT
In China verbringen Studenten die ersten zwei Wochen an der Universität in Uniform und lernen marschieren und die Grundlagen der Kriegsführung. Danach findet eine Parade vor Armeegenerälen statt. Außer ihrem Hauptfach müssen die Studenten Kurse über Ethik (moralisches Verhalten), die Lehren chinesischer Führer, Recht, Computer und Englisch besuchen und am Sportunterricht teilnehmen.

HARRY POTTER IN CHINA
China besitzt zwar eine eigene Filmindustrie, doch sind auch westliche Filme wie z. B. die *Harry-Potter*-Reihe sehr beliebt. Kino ist teuer, deshalb laden sich viele Chinesen Filme aus dem Internet herunter oder besorgen sich illegale Kopien auf DVD.

Medien

Chinesische Medien erreichen unzählige informationshungrige Menschen. Millionen Menschen lesen Bücher, Zeitungen, Zeitschriften und Internetseiten. Über 150 Millionen Chinesen auf dem Land können jedoch nicht lesen. Satellitenfernsehen gibt es in einigen, aber nicht allen ländlichen Gebieten. Die Regierung zensiert alle Medien und prüft sie auf Kritik. Trotzdem gibt es im chinesischen Internet aktive Communitys, die bloggen, chatten, spielen und Neuigkeiten austauschen. Viele ausländische Internetseiten werden ins Chinesische übersetzt, sodass die Surfer in China oft mehr über die Welt außerhalb Chinas wissen als der Rest der Welt über China.

Mithilfe der Neonröhren kann man auch bei Nacht Zeitung lesen.

PRESSE UND PARTEI
Viele staatliche Zeitungen Chinas werden in Schaukästen ausgehängt, damit man sie auf dem Weg zur Arbeit lesen kann. Mao Zedong, der früher Journalist war, verlangte, dass die Presse das Sprachrohr der Kommunistischen Partei sein und die Politik der Partei unterstützen solle. Heute verdienen chinesische Zeitungen Geld mit Anzeigen, verbreiten Wirtschaftsnachrichten und unterstützen wirtschaftliche Reformen.

Singdao Daily

Yangcheng Evening News

Next, eine Wochenzeitschrift

VIEL ZU LESEN
Es gibt etwa 2000 Zeitungen in China, davon ein Viertel von der Regierung herausgegeben. Der Rest ist in Privatbesitz, doch ihr Inhalt wird streng überwacht. Die *Yangcheng Evening News* liegt mit einer Auflage von 1,7 Mio. an 20. Stelle der meistverkauften Zeitungen der Welt. *Singdao Daily*, eine beliebte Hongkonger Zeitung, wird in über 100 Städte auf der ganzen Welt geliefert. Viele von Chinas Zeitschriften, wie *Next*, berichten v. a. über das Leben der Reichen und Berühmten.

BÜCHER, BÜCHER, BÜCHER
Schon im 11. Jh. erfand man in China den Druck mit beweglichen Lettern, was dazu führte, dass Bücher weiterverbreitet wurden und mehr Menschen lesen lernten. Heute gibt es in China über 400 Verlage. Außerhalb der großen Städte besuchen mobile Buchläden regelmäßig Fabriken, Bergwerke und Dörfer. Offiziellen Angaben zufolge können in China 95 % der Bevölkerung lesen, doch dürfte die Quote in ländlichen Gebieten sehr viel niedriger sein.

CHINA ONLINE
Nur in 8 % der chinesischen Haushalte gibt es einen Computer, weshalb Internet-Cafés äußerst beliebt sind und sich im ganzen Land ausbreiten. Viele haben die ganze Nacht geöffnet und Jugendliche gehen hin, um zu entspannen. Hier können sie online spielen, Chatrooms besuchen und Filme oder Musik herunterladen. Die Regierung zensiert den Zugang zu ausländischen Nachrichten durch Überwachung der Zentralrechner, die China mit dem Internet verbinden.

FERNSEHEN AUF DEM LAND
Die Übertragung via Satellit ermöglicht es chinesischen Fernsehsendern, große Teile des Lands zu erreichen. In manchen Dörfern kann man sogar Fernsehsender aus Indien und anderen Ländern empfangen. Die Regierung plant, so viele Satellitenschüsseln aufzustellen, dass jeder Chinese fernsehen kann.

REALITY TV
1997 strahlte ein kleiner Satellitensender in der Provinz Hunan erstmals eine Spielshow nach amerikanischem Vorbild aus, *Zitadelle des Glücks*. Mit etwa 160 Mio. Zuschauern war es bald eine der beliebtesten Sendungen. *Supergirl*, die Hunan-TV-Version von *Deutschland sucht den Superstar,* brachte es sogar auf 400 Mio. Zuschauer. Sogar das chinesische Staatsfernsehen (CCTV), der wichtigste nationale Sender, bringt neben zensierten Nachrichten auch populäre Unterhaltung.

Wissenschaft und Technik

Viele Gebrauchsgegenstände und Erfindungen wurden in China entwickelt, lange bevor sie in andere Länder kamen. Zu den frühen Erfindungen der Chinesen gehören Papier, Buchdruck, Seide, Porzellan, Gusseisen, Papierdrachen, Sonnen- und Regenschirm, Schubkarre, Kompass, Abakus und Schießpulver. Wir halten diese Dinge heute für selbstverständlich, aber sie haben dazu beigetragen, unsere Welt und den Verlauf der Geschichte zu verändern. Im 20. Jahrhundert galt China als „Werkshalle" westlicher Unternehmen, in der man Billigware in Massen produzierte. China ist aber auch entschlossen, seiner Tradition als Land der Erfinder und Entdecker Ehre zu machen. Chinesische Unternehmen produzieren schon heute Weltmarken und Chinas Raumfahrtprogramm zeigt deutlich, dass das Land bestrebt ist, an vorderster Front der Wissenschaft zu arbeiten.

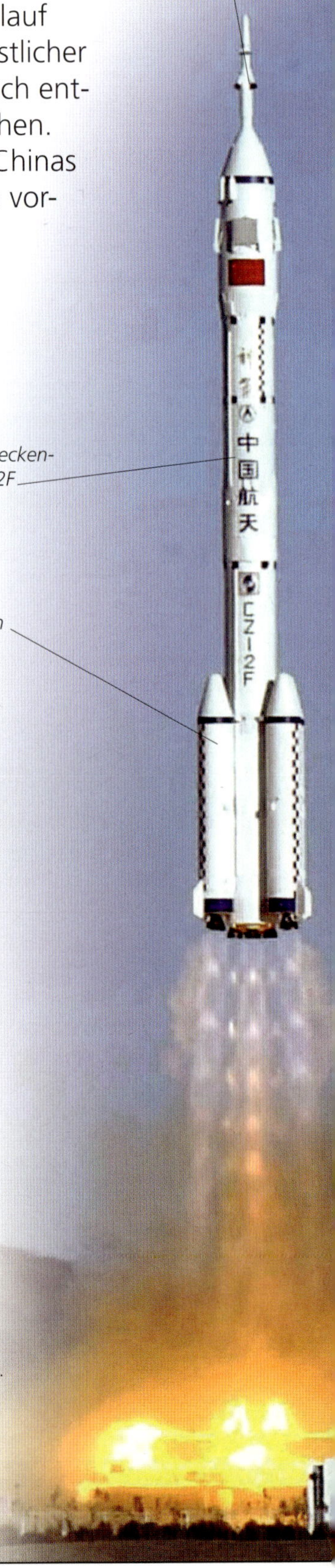

Bemanntes Raumschiff Shenzhou V

Langstreckenrakete 2F

Startraketen

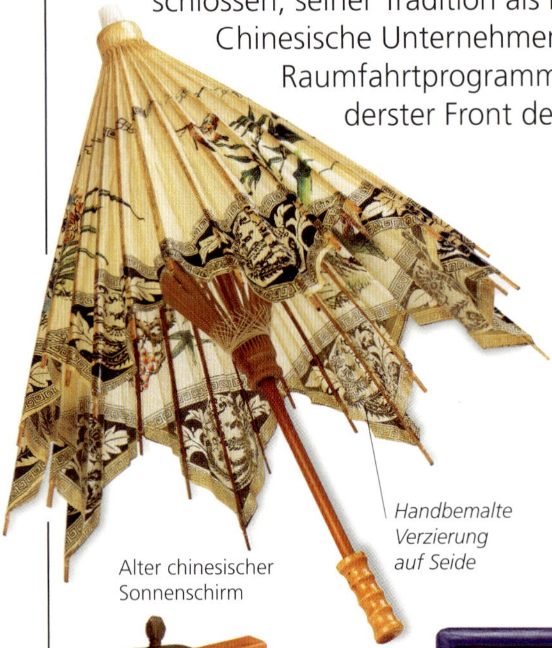

Handbemalte Verzierung auf Seide

Alter chinesischer Sonnenschirm

SCHIRM UND ABAKUS

Diese praktischen Dinge wurden vor über 2000 Jahren in China erfunden. Tragbare zusammenfaltbare Schirme gab es wahrscheinlich zuerst am Kaiserhof, wo sie den Kaiser und die Adligen vor Sonne und Regen schützten. Der Abakus ist eine Rechenmaschine, mit der Händler schnell Geld zusammenzählen konnten – so etwas wie der erste Computer der Welt. In China sieht man den Abakus noch heute auf vielen Märkten und Grundschüler lernen mit ihm Rechnen.

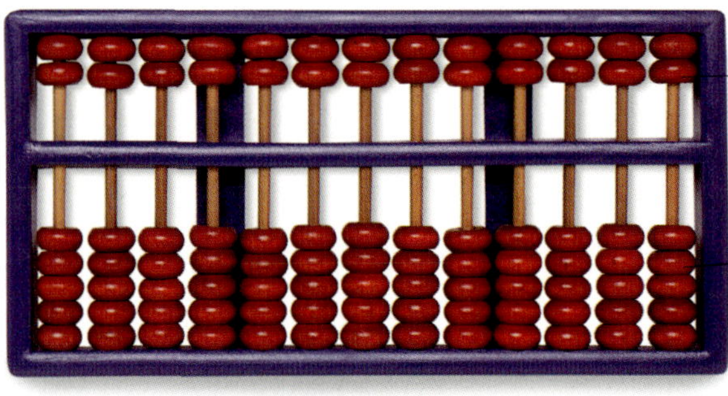

Zwei Kugeln pro Stab im oberen Teil

Fünf Kugeln pro Stab im unteren Teil

Moderner chinesischer Abakus

Tabelle zeigt Sonnenauf- und -untergang.

Kompassscheibe

Chinesischer Kompass, um 1850–1900

Schießpulver

KOMPASS UND SCHIESSPULVER

Die meisten Erfindungen, wie etwa Kompass und Schießpulver, wurden zu einem bestimmten Zweck entwickelt und später an andere Anforderungen angepasst. Chinesische Alchemisten entdeckten das Schießpulver vor etwa 1200 Jahren beinah zufällig. Zuerst nutzte man es für Feuerwerk, aber im 10. Jh. wurde es in Raketen und Granaten, die von Katapulten geschleudert wurden, zu einer schrecklichen Waffe. Der Kompass als Hilfe zur Orientierung wurde zuerst in einem chinesischen Buch von 1044 beschrieben – er bestand aus einer in einer Wasserschüssel schwimmenden Magnetnadel. Das war die Grundlage für den seemännischen Kompass, der um 1300 wahrscheinlich in Europa erfunden wurde.

WETTRENNEN IM WELTRAUM
Der erfolgreiche Start des Raumschiffs *Shenzhou V* machte China 2003 nach der UdSSR und den USA zum dritten Land der Welt, das einen Menschen in den Weltraum befördert hatte. Die Langstreckenrakete hob im Satelliten-Startzentrum von Jiuquan in der Provinz Gansu ab und umrundete die Erde 14-mal, bevor sie nach 21 Stunden wieder landete. Die Mission gilt in China als Triumph für die chinesische Wissenschaft und Technik, und der Taikonaut (von *taikong*, „große Leere") Yang Liwei wurde über Nacht zum Nationalhelden.

Satelliten-Startzentrum

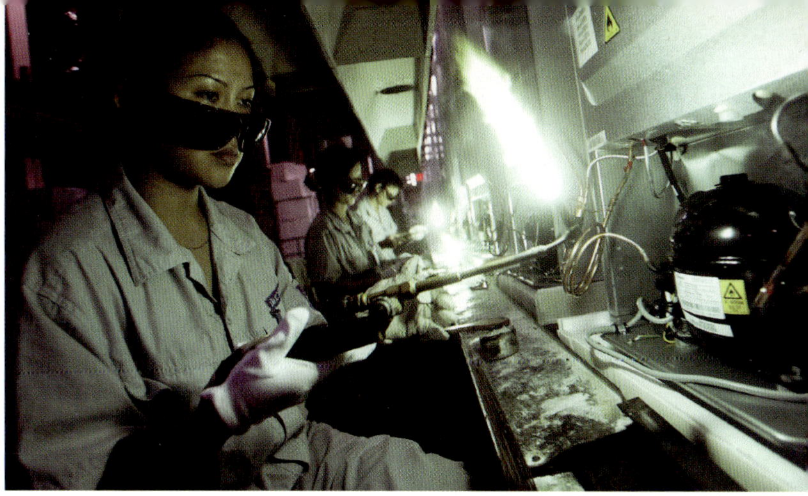

INDUSTRIELLES WACHSTUM
An diesem Fließband werden Kühlschränke montiert. Die Fabrik gehört zu Haier, einem der weltweit größten Hersteller von elektrischen Haushaltsgeräten. Chinesische Unternehmen wie Haier sind in anderen Ländern kaum bekannt, aber sie expandieren ins Ausland, und so wird uns dieser Markenname wohl bald vertrauter sein.

AUSLÄNDISCHES GELD
Milliarden Euro fließen jedes Jahr als Investitionen nach China und tragen zu seinem Wirtschaftsboom bei. 2005 hatten 400 der 500 größten Unternehmen der Welt Niederlassungen in China und waren für über die Hälfte der chinesischen Exporte verantwortlich. Microsoft z. B. investiert jährlich etwa 1 Mrd. US-Dollar in China und beschäftigt Hunderte von hervorragenden chinesischen Programmierern, die neue Software entwickeln.

Mikroskopisch kleine Kohlefasern (40 000-fach vergrößert)

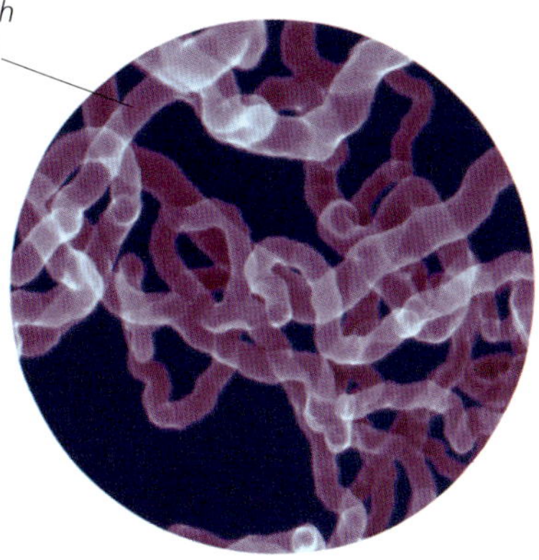

NANOTECHNOLOGIE
China ist die drittstärkste Nation auf dem Gebiet der Nanotechnologie, deren Gegenstände und Geräte nur mit äußerst starken Mikroskopen zu sehen sind. Diese winzigen Kohlenstoff-Nanoröhrchen werden z. B. in der Elektronik verwendet.

MEDIZINISCHE FORSCHUNG
Diese Wissenschaftlerin arbeitet am Nationalinstitut für Biowissenschaften im Wissenschaftspark Zhongguancun in Beijing an Chinas Stammzellen-Forschungsprogramm, mit dem neue Medikamente gefunden werden sollen. Zhongguancun trägt den Spitznamen „Chinas Silicon Valley" wegen der zahlreichen Universitäten, Forschungsinstitute und Hightech-Firmen. Viele ausländische Computer- und Pharmafirmen haben dort Forschungszentren eröffnet.

Medizin und Heilkunst

Auf die Gesundheit zu achten ist ein zentraler Bestandteil des chinesischen Alltags. Viele Chinesen treiben Sport und überall werden Massagen angeboten, die durch Druck auf bestimmte Körperpunkte Krankheiten heilen sollen. Die chinesische Medizin berücksichtigt bei Diagnose und Therapie den Zustand des ganzen Patienten, nicht nur den des Körperteils, der Beschwerden bereitet. Krankheit wird auf körperliche und seelische Probleme zurückgeführt. Zur Therapie werden Kräuter, Akupunktur, Massagen, Ernährung und Übungen zur Förderung des geistig-seelischen Wohlbefindens eingesetzt.

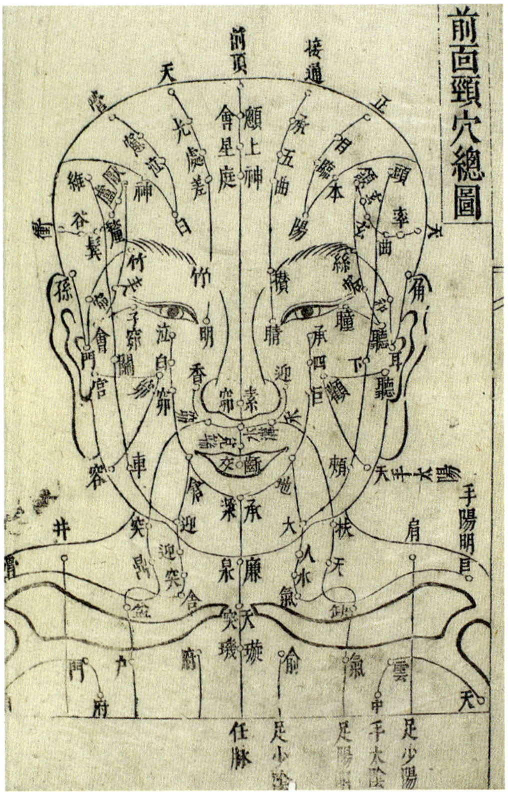

AKUPUNKTURPUNKTE
Nach der Theorie gibt es etwa 650 Akupunkturpunkte, von denen einige auf dieser Karte des Kopfs gezeigt sind. Jeder Punkt steht mit einem inneren Organ in Verbindung. Wenn Nadeln vorsichtig in diese Punkte gesteckt werden, kann das Qi (die Lebensenergie) frei fließen und die Krankheit bekämpfen.

Yin ist schwarz und steht für die Nacht.

Yang ist weiß und steht für den Tag.

Yin-Yang-Symbol

YIN UND YANG
Das Konzept von Yin und Yang bezieht sich auf zwei Gegensätze, die in ein harmonisches Gleichgewicht gebracht werden müssen. Yin steht z. B. für die Nacht und Yang für den Tag. Yin bezieht sich auf Kaltes und Nasses, Yang ist alles, was heiß und trocken ist. Nach der chinesischen Philosophie müssen diese Extreme im Körper im Gleichgewicht sein, damit man gesund bleibt.

URALTE HEILKUNST
Bei der Akupunktur werden feine Nadeln in bestimmte Punkte des Körpers gesteckt, um Schmerzen zu lindern und Krankheiten zu heilen. Die Methode wird in China seit über 2000 Jahren angewandt und ist noch immer eine beliebte Therapie. Manche Wissenschaftler meinen, dass der Körper bei der Akupunktur natürliche Schmerzmittel (Endorphine) freisetzt.

Akupunkturnadel aus Stahl

Die Nadel wird schmerzfrei unter die Haut eingeführt.

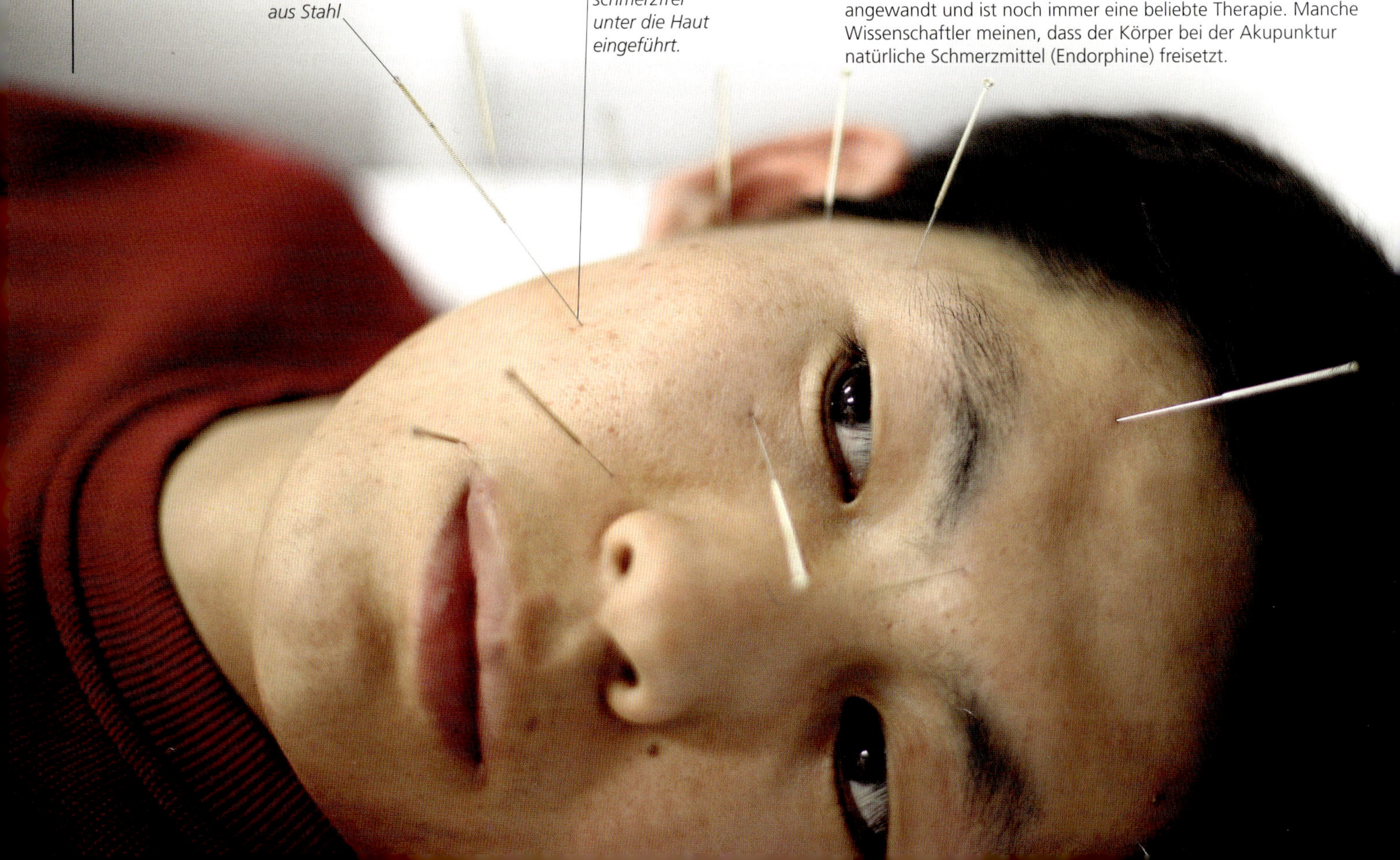

LANDKLINIK
Kleine Kliniken bieten für viele Chinesen auf dem Land die einzige medizinische Versorgung. Staatliche Sozialleistungen gibt es kaum, daher müssen Kranke oft Geld von ihrer Familie oder Freunden leihen, um ihre Behandlung bezahlen zu können.

DAS TUT GUT!
In den meisten Einkaufszentren Chinas gibt es Läden, in denen müde Passanten eine Massage erhalten können. Leuchtende Neonreklamen erklären den gesundheitlichen Nutzen. Eine beliebte Methode ist die Fußreflexzonenmassage, die sich Chinesen mit ihren Freunden gern nach der Arbeit gönnen. Erst baden sie die Füße in einer Schüssel mit heißem Wasser, dann legen sie sich auf eine Liege und werden massiert. Der Masseur übt auf verschiedene Punkte des Fußes Druck aus, um die Körperfunktionen zu verbessern.

Schneidebrett mit Wiegemesser

Ingwerwurzel (gan jiang)

Mörser

Stößel zum Zerkleinern der Kräuter

KRÄUTERMEDIZIN
In China wird alles von einfachen Erkältungen bis zu Kopf- und Rückenschmerzen mit traditionellen Heilmitteln behandelt. Man glaubt, dass der Körper eines Kranken im Ungleichgewicht ist und dass der Energiefluss durch Kräuter wiederhergestellt wird. Typische Zutaten in Heilmitteln sind Wurzeln, Blätter, Rinde, Samen, Beeren und Pilze. Sie werden meist getrocknet, gehackt und mit Geräten wie den hier gezeigten zu Pulver zermahlen.

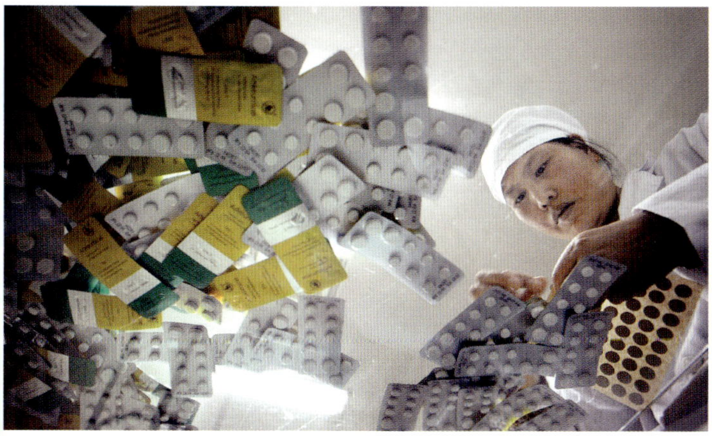

ALT UND NEU
Dieser Arbeiter in einer Pharmafirma im Südosten Chinas prüft ein Mittel gegen Malaria. Es enthält ein Kraut namens Süßer Beifuß, das seit Jahrhunderten als Zutat in traditionellen chinesischen Heilmitteln dient. Das neue Medikament wird in die ganze Welt exportiert, um Malaria zu bekämpfen, die durch Mücken übertragen wird und an der weltweit jährlich bis zu 3 Mio. Menschen sterben.

Die Maske schützt vor Keimen.

KRANKHEITSBEKÄMPFUNG
Wie jedem Land mit einer sehr großen Bevölkerung und beengten Wohnverhältnissen droht auch China Gefahr durch Epidemien. Dieses Foto entstand 2003, als es in China zum Ausbruch des hochgradig ansteckenden SARS-Virus kam. Die chinesische Regierung gibt jedes Jahr Millionen von Euro aus, um solche Epidemien zu verhindern.

Die Welt der Kunst

Künstler bilden ihre eigenen Gemeinschaften, leben in der Stadt in stillgelegten Fabriken oder schaffen ganze Dörfer auf dem Land. Chinas reiche Tradition von Kunst und Kunsthandwerk begann zur Kaiserzeit mit edler Keramik, schönen Landschaftsgemälden auf Papier und Seide und filigranen Skulpturen aus Elfenbein, Jade, Terrakotta (gebranntem Ton) und Bronze. Auch das Schreiben wurde zur Kunst, der Kalligrafie. Während der Kulturrevolution (1966–1976) musste die Kunst der Ideologie der herrschenden Partei dienen. Viele Künstler machten Propaganda – politische Kunst, die die Botschaft der Regierung verbreitete. Wer von dieser Botschaft abwich, wurde verfolgt. Seit den 1980er-Jahren haben die Künstler wieder mehr Freiheiten. Ihre Arbeiten befassen sich oft damit, wie sich das Leben in China verändert.

INSPIRATION AUS DER NATUR
Wen Zhengming, ein großer Künstler aus dem 16. Jh., schuf diese chinesische Fantasielandschaft mit Aquarellfarben und Tinte auf Papier. Das Gemälde, *Der Frühling der Pfirsichblüte,* beruht auf einem alten Gedicht über eine Reise ins Paradies.

FOTOREALISMUS
Auf diesem Gemälde mit dem Titel *Glorreicher Führer* gruppieren sich Hafenarbeiter um Mao Zedong. Die Szene ist so realistisch dargestellt, dass es sich fast um ein Foto handeln könnte. Das Bild wurde während der Kulturrevolution gemalt und sollte das chinesische Volk dazu bewegen, seinen Führer zu bewundern und auf die Stärke des Lands stolz zu sein.

Die offene Hand ahmt die Pose der offiziellen Mao-Statuen nach.

Die Kunststoffskulptur wurde grau angemalt, damit sie wie Stein aussieht.

„Noch die blasseste Tinte ist besser als das beste Gedächtnis."

Chinesiches Sprichwort

HAND DER GESCHICHTE
Diese dramatische Skulptur des Künstlers Sui Jianguo zeigt den rechten Arm Mao Zedongs. Jianguo imitiert exakt den Stil der Mao-Statuen, die die Kommunistische Partei in ganz China aufstellen ließ. Seine Skulptur ist riesengroß, um anzudeuten, dass Mao sehr mächtig war und sich wie ein Gott über China erhob. Aber ihr Rand ist ausgefranst und der Rest des Körpers fehlt, als sei er abgerissen worden. Vielleicht will uns der Künstler sagen, dass sich Chinas Führung zwar seit Maos Tod von vielen seiner Vorstellungen verabschiedet hat, er aber trotzdem noch Macht über das chinesische Volk ausübt.

Künstler hat sich im Nest eingerichtet.

Blumen regnen auf die Zuschauer.

Dreibein aus Stahl trägt das Nest.

VOGELNEST
Dieses bizarre Gebilde wurde in Peking von dem Kunstkurator Zhu Qi errichtet. Ein Künstler wohnte 30 Tage und Nächte in diesem Nest. Passanten waren erstaunt, dass jemand einfach so im Freien wohnen konnte, und dachten über ihr eigenes Leben in der Stadt nach.

KUNSTAUSSTELLUNG IN SHANGHAI
Chinas größte Kunstausstellung zeigt alle zwei Jahre Hunderte von Kunstwerken, u. a. Skulpturen, Gemälde, Fotos, Videoarbeiten und Live-Performances. Chinesische Künstler sind außerhalb Chinas heute viel bekannter als früher, und Kunstsammler aus aller Welt überbieten sich gegenseitig, um die besten Stücke zu erwerben.

Elegante Pinselstriche

TRADITIONSREICHE KUNST
Tuschezeichnungen sind eine Kunst, die im 7. Jh. in China aufkam und heute noch beliebt ist. Um eine wirklich gute Tuschezeichnung wie diese von Xu Beihong anzufertigen, braucht man Konzentration und jahrelange Übung. Die eleganten Pinselstriche und feinen Verwischungen müssen schnell aufgetragen werden und lassen sich danach nicht mehr korrigieren.

Mao-Anzug, ein Symbol des alten kommunistischen Systems in China

Musik, Theater und Tanz

Kultur in China ist heute so vielfältig und aufregend wie nie zuvor. Die Chinesen lieben klassische Unterhaltung und nehmen aktiv daran teil – von Volksliedern und chinesischer Oper über Marionettentheater und Gedichten bis zu Drachentänzen und Teehausmusik. Mittlerweile kann man in der Stadt auch modernes Ballett, Konzerte von Rock- und Popstars und Theaterstücke über das Leben im 21. Jahrhundert ansehen. Oft mischen die Künstler alte und neue Formen. Musik und Tanz gehören in China bei besonderen Anlässen einfach dazu. Sie können auch Teil des politischen Lebens sein. In Zeiten von Unruhen haben Musiker Lieder zur Unterstützung von Protestbewegungen komponiert, die politische Veränderungen forderten.

PROTEST-POP
Cui Jian, der „Vater des chinesischen Rock", wurde in den 1980er-Jahren berühmt. Er war einer der ersten chinesischen Sänger, der Elemente von westlichem Rock und Pop in seine Lieder aufnahm. Einige seiner bekanntesten Songs waren politisch und kritisierten Chinas Führung.

LEBENDIGE TRADITION
Manche der chinesischen Folkloregruppen spielen noch alte Instrumente wie diese schön verzierte Sihu aus dem 19. Jh. *Si* heißt „vier" (die Geige hat vier Saiten) und *hu* bezeichnet die Familie von Instrumenten, zu der sie gehört. Eine Sihu hält man zum Spielen aufrecht im Schoß. Sie wird v. a. in der Mongolei und im Nordosten Chinas zur Untermalung von Theateraufführungen und Lesungen eingesetzt.

KOMMUNISMUS REMIXED
Wang Bo, ein Hip-Hop-Künstler aus Beijing, rappt mit einem Freund in einem Nachtklub. Sie gehören zur urbanen Musikszene. Die Texte chinesischer Rap-Songs handeln oft von Erfolg im Leben und einige Künstler haben sogar alte kommunistische Lieder neu aufgenommen.

DRACHENTANZ
Bei Chinas spektakulärstem Tanz tanzen Gruppen mit schlangenähnlichen Drachen die Straße entlang. Trommeln und Gongs geben den Rhythmus vor, und die Tänzer bewegen Stangen so, dass die bunten Drachen lebendig werden. Drachentänzer sind ein Höhepunkt des Neujahrsfests und anderer Feste. Die Drachen sind magische Symbole für Glück, Wohlstand und Fruchtbarkeit, und sie schützen vor bösen Geistern.

TÄNZER AUS YUNNAN
All diese Tänzer waren einmal Bauern in der Provinz Yunnan. 2004 wurden sie von einem Choreografen für das Musikdrama *Schwungvolles Yunnan* ausgewählt, das die Tänze der Volksgruppen in Südchina feiert.

SCHATTEN WERFEN
Schattenspiele sind eine alte Form des Musiktheaters, die vor über 2000 Jahren in China entstand. Die Figuren werden mit Stäben oder Drähten bewegt und werfen Schatten auf eine Leinwand. Meist werden alte Volkssagen, Legenden und religiöse Geschichten nachgespielt. Marionettentheater, *piyingxi*, war früher auf den Nachtmärkten beliebt, stirbt aber allmählich aus.

WOLKENTORTANZ
Diese Tanzgruppe aus Taiwan hat ihren Namen vom ältesten Tanz Chinas. Die Gruppe verbindet Kampfkunst, chinesische Oper und Meditation mit westlichen Tanzformen. Hier tanzt sie die Show *Mondwasser* auf einer mit Spiegeln verkleideten Bühne.

Kino

Lange vor Erfindung des Kinos saßen die Chinesen schon vor Leinwänden und ließen sich von Schattenspielen unterhalten. 1896 kam in China der erste Film ins Kino, und damit begann eine neue Ära der Unterhaltung. Seit den 1930er-Jahren besaß China dann seine eigene Filmindustrie, die sich später der Kommunistischen Partei unterordnen musste. Ende der 1970er-Jahren mussten Künstler, die ihrer Fantasie freien Lauf lassen wollten, ihre Filme heimlich drehen, versteckt vor der Zensur. Heute finden viele aufwendig produzierte chinesische Filme ein großes Publikum in der ganzen Welt.

KEIN HAPPY END
Der Film *Frühling in einer Kleinstadt* (1948) erzählt die Geschichte einer Frau, die zwischen der Pflicht und ihrem Herz hin- und hergerissen ist. Chinesische Liebesgeschichten enden oft mit Trennung und Schmerz, womit der Konflikt zwischen Liebe und familiären Zwängen in der konfuzianischen Kultur dargestellt wird.

TIGER & DRACHE
Ang Lees Film *Tiger & Dragon* (2000) ist der erfolgreichste Film in chinesischer Sprache, der je gedreht wurde: Er gewann vier Oscars. Sein Erfolg regte international den Appetit auf Kampfkunstfilme an, wie etwa Zhang Yimous *Hero* (2002). Manche Chinesen kritisierten den Film – sie fanden, er sei schön anzusehen, aber ziemlich oberflächlich, und seine Darstellung Chinas sei eher klischeehaft.

KUNG-FU-INDUSTRIE
Actionfilme, die auf Trivialromanen über legendäre Kämpfer beruhen, sind seit den 1920er-Jahren sehr beliebt. Nach der kommunistischen Revolution zog die Filmindustrie von Shanghai nach Hongkong und machte es zum Zentrum der Kung-Fu-Filmproduktion. Das Genre verbindet Geschichten à la Hollywood mit fernöstlicher Kampfkunst und hat heute Fans in der ganzen Welt.

Das Goldene Pferd

GOLDEN HORSE FESTIVAL
Taiwans jährliches Golden Horse Film Festival ist für den chinesischsprachigen Film das Pendant zur Oscarverleihung. Nach einem monatelangen Festival, bei dem viele der nominierten Filme gezeigt werden, wählt man die Sieger aus. Hier wird Andy Lau für den Film *Infernal Affairs III* (2004) als bester Schauspieler ausgezeichnet.

Plakate für westliche und chinesische Filme

AN DER KINOKASSE
Eine Kinokarte ist in China teurer, als Essen zu gehen oder eine DVD zu kaufen, daher gehen v. a. gutsituierte junge Chinesen ins Kino. Dort laufen hauptsächlich von der Regierung abgesegnete chinesische und ein festgelegter Anteil ausländischer Filme. *Das Sakrileg* wurde 2006 schon nach wenigen Wochen aus dem Programm genommen, damit man in der Hauptsaison im Sommer mehr chinesische Filme zeigen konnte.

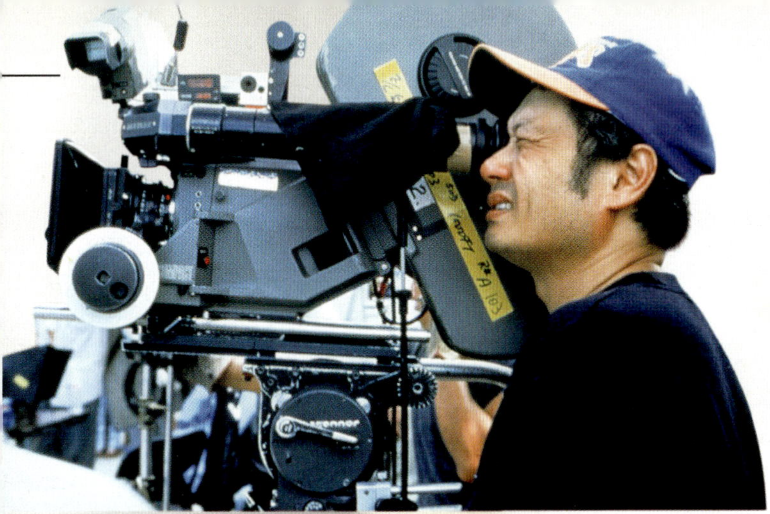

ANG LEE

Ang Lee (geb. 1954) ist ein Regisseur aus Taiwan, der mit *Das Hochzeitsbankett* (1993) und *Eat Drink Man Woman* (1994), einem humorvollen Film über die seltsame Beziehung eines chinesischen Restaurantkochs zu seinen Töchtern, internationalen Erfolg hatte. Seit seinem 40. Lebensjahr dreht Lee auch in Hollywood. Für den Film *Brokeback Mountain* (2005) über zwei amerikanische Cowboys, die sich ineinander verlieben, bekam er als erster Asiate den Oscar für die beste Regie.

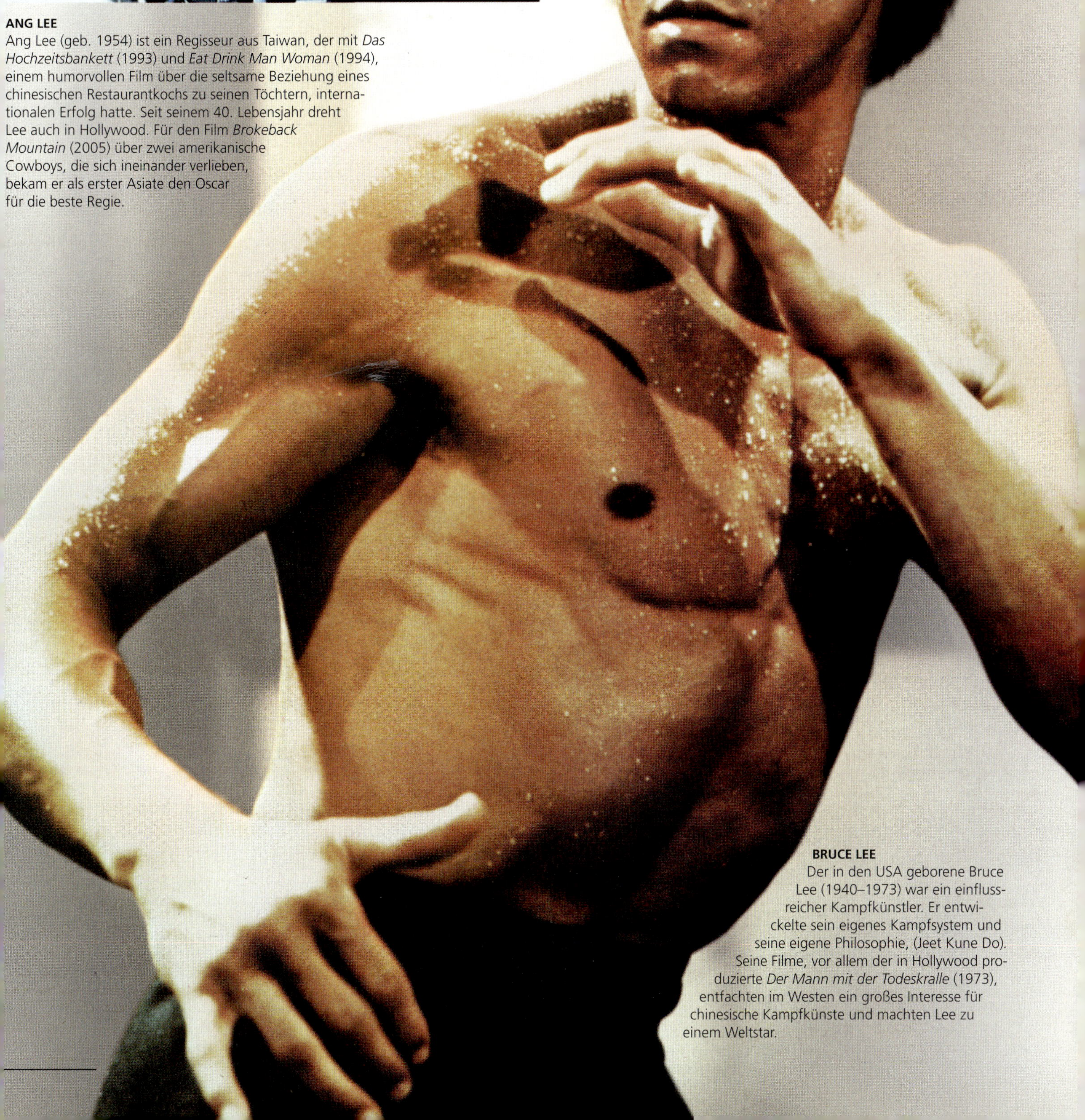

BRUCE LEE

Der in den USA geborene Bruce Lee (1940–1973) war ein einflussreicher Kampfkünstler. Er entwickelte sein eigenes Kampfsystem und seine eigene Philosophie, (Jeet Kune Do). Seine Filme, vor allem der in Hollywood produzierte *Der Mann mit der Todeskralle* (1973), entfachten im Westen ein großes Interesse für chinesische Kampfkünste und machten Lee zu einem Weltstar.

Sport

Fitness und Sport sind in China enorm wichtig: Die Chinesen lieben Sport, weil er gesund ist und Spaß macht. China hat eine lange Tradition der Kampfkunst, die nicht nur Kräftemessen, sondern auch Entspannung und Fitnesstraining ist. Viele Weltmeister im Turnen, Badminton, Tischtennis, in der Leichtathletik und im Turmspringen kommen aus China. Sportarten wie Golf, Skilaufen oder Formel 1, die für die Chinesen neu sind, werden immer beliebter. Aber auch Pferde- oder Drachenbootrennen und mongolischer Ringkampf ziehen nach wie vor viele Zuschauer an.

PING PONG
Für Tischtennis braucht man keine teure Ausrüstung und man kann es an öffentlichen Platten drinnen oder draußen spielen. Das macht es zu einer der beliebtesten Sportarten in China. Es gibt etwa 200 Mio. Amateure in China und viele der weltbesten Profis sind Chinesen.

SPORT FÜR ALLE
In einer chinesischen Stadt hat es niemand weit bis zum nächsten Sportplatz. Nachbarn trainieren gemeinsam, nutzen die kostenlosen Sportstätten an fast jeder Straßenecke, und der Stadtrat und die Schulen stellen Allwetter-Basketballplätze zur Verfügung. Basketball zu spielen und die Fernsehübertragungen der US-Basketballliga (NBA) sind in China äußerst beliebt.

Das Zaumzeug ist mit Troddeln und Bändern geschmückt.

NEUE LEIDENSCHAFT
Bis in die 1980er-Jahre gab es in China kaum Fußballfans, erst seit 1994 gibt es eine Profiliga. Heute sind die Chinesen fußballverrückt. Der Frauenfußball hat hier mehr Fans als in den meisten anderen Ländern, die Namen der Nationalspielerinnen kennt jedes Kind.

AKROBATIK
Turnen gilt in China als Kunst und die besten Turner werden als Helden gefeiert. An der Eliteschule für Sport in Beijing, Shichahai, beginnen Kinder mit vier Jahren mit dem Training und nehmen drei Jahre später an den ersten Wettkämpfen teil. Die Schüler müssen ihren Körper biegsam machen, solange sie noch sehr jung sind, und dann sehr hart trainieren, um sich weiter zu verbessern.

RENNSTRECKE VON SHANGHAI
Chinas Wunsch nach internationalem Ansehen hat zum Bau spektakulärer neuer Sportstätten geführt. Die erste Grand-Prix-Rennstrecke für die Formel 1 wurde 2004 in Shanghai eröffnet. Sie hat die Form des chinesischen Schriftzeichens *shang*, der ersten Silbe im Namen der Stadt Shanghai.

Kung-Fu-Schüler beim Training

KUNG-FU
Kung-Fu *(gongfu)* bedeutet „Fertigkeit". Der Begriff bezeichnet alle chinesischen Kampfkünste, die Hunderte von Techniken aus ganz China vereinen. Zu manchen Kung-Fu-Formen gehören Waffen wie Schwerter oder Stäbe, andere legen den Schwerpunkt auf die Verteidigung oder Methoden, den Angreifer aus dem Gleichgewicht zu bringen. In Shaolin in der Provinz Henan in Zentralchina gibt es zahlreiche Kampfkunstschulen, die Kampftraining mit Schulung von Konzentration und mentaler Stärke kombinieren.

„Mit der Stärke, Berge zu versetzen, und dem Mut, sich der Welt zu stellen."

Xiang Yu,
General der Qin-Dynastie,
232–202 v. Chr.

TIBETISCHES PFERDERENNEN
Wenn der Sommer zu Ende geht, reisen die Tibeter viele Kilometer, um an Pferderennen teilzunehmen. Das größte Fest mit bis zu 50 000 Zuschauern findet auf der Ebene von Litang in der Provinz Sichuan statt. Jedes Dorf wählt einen Reiter, der im Namen aller gegen Reiter aus den anderen Dörfern antritt.

China bei Nacht

ZEIT FÜR EIN BAD
In den alten Straßen und Gassen sieht man abends, wie Menschen ihre Kinder baden oder ihnen die Füße waschen und die Zähne putzen. In vielen Häusern auf dem Land gibt es kein fließendes Wasser. Die Familien holen ihr Wasser in Eimern von einem Brunnen oder einem öffentlichen Wasserhahn.

Nach Sonnenuntergang wird es in China ruhig und stockdunkel, nur über den Städten und Fabriken bleibt der Himmel hell. Viele Chinesen treffen sich nach der Arbeit oder der Schule mit Freunden, um zu essen oder ins Kino zu gehen, andere eilen nach Hause zu ihrer Familie. Wieder andere arbeiten oder lernen noch bis tief in die Nacht, um ihren Lohn aufzubessern oder sich weiterzubilden. Bevor sie zu Bett gehen, waschen viele Chinesen ihre Füße, weil diese den ganzen Tag das Gewicht des Körpers tragen. Vor dem Schlafengehen wünscht man sich *wan'an*, eine friedvolle Nacht. Wenn alle schlafen, ist China das Land der 1,3 Milliarden Träume. Wie China in der Zukunft aussehen wird, hängt davon ab, was all diese Menschen tun, wenn sie am nächsten Morgen aufstehen.

ZU HAUSE LERNEN
In China stehen schon kleine Kinder unter Druck, fleißig zu lernen und gute Noten zu haben, damit sie später eine gute Arbeit bekommen. Grundschüler machen fast jeden Abend drei Stunden Hausaufgaben. Viele haben nach der Schule ein volles Programm mit Malkursen, chinesischem Schach oder Musikstunden.

NACHTARBEITER
Chinesische Städte wachsen so schnell, dass wie hier in Shanghai auf vielen Baustellen rund um die Uhr gearbeitet wird, um ein Gebäude fertigzustellen. Nach dem chinesischen Arbeitsrecht darf niemand mehr als acht Stunden pro Tag und mehr als 40 Stunden die Woche arbeiten. Aber fast die Hälfte der Bauarbeiter macht Überstunden – sie fangen früh an und arbeiten unter gleißendem Flutlicht bis spät in die Nacht hinein.

AM LAGERFEUER
In abgelegenen Gegenden ohne Elektrizität endet der Tag, wenn das Feuer erlischt. Diese tibetischen Pilger kauern eng beieinander, um sich auf der langen Reise zum schneebedeckten Mount Kailash im Grenzgebiet von Tibet, Indien und Nepal zu wärmen. Für Buddhisten ist dieser heilige Berg der Mittelpunkt der Welt und jährlich pilgern Tausende dorthin.

SPASS BEIM KARAOKE
Eine beliebte Möglichkeit zur Entspannung nach einem harten Arbeitstag ist der Besuch einer Karaokebar. Karaoke kommt aus Japan, hat sich in China aber schnell verbreitet. In Bars und Karaokezentren kann man private Karaokeräume mieten, um sich die Seele aus dem Leib zu singen. Chinesen sind meist keine schüchternen Sänger, egal ob zu Hause an der eigenen Karaokemaschine oder in der Öffentlichkeit, wie dieser selbstbewusste Karaokekönig zeigt.

Turm des Senders Oriental Pearl TV über der Skyline von Shanghai

ESSEN GEHEN
Statt zu kochen, gehen die Chinesen lieber essen, oft auf einem Nachtmarkt oder in einem der kleinen, günstigen Restaurants, den *canting* oder *canguan*. Dort ist es laut und voll, es wird viel gelacht und man hört das frisch zubereitete Essen bruzzeln. Neuigkeiten und Tratsch werden ausgetauscht. Man bestellt eine bunte Mischung von Gerichten unterschiedlicher Geschmacksrichtungen, Konsistenz, Gerüchen und Farben. Meist trinkt man dazu Tee oder Limonade, aber man feiert auch gern mit warmem Reiswein.

GROSSREINEMACHEN
Wenn sich die Restaurants, Bars, Cafés und Nachtmärkte leeren und die Stadt allmählich zur Ruhe kommt, tritt ein Heer von Putzkräften in Aktion. Tausende von Straßenfegern arbeiten die ganze Nacht, um die Stadt für den nächsten Tag zu reinigen, wobei sie oft nur einen einfachen handgemachten Besen und eine kleine Schubkarre für den Abfall benutzen. Am Morgen gegen 5 Uhr 30 füllt sich die Straße dann wieder mit Menschen.

Geografie

An der breitesten Stelle erstreckt sich China über 5000 Kilometer quer durch Asien. Die Entfernungen der Nord- und Südgrenzen zum Nordpol und zum Äquator sind ähnlich wie bei den USA. Manche Leute sagen, China habe die Form eines Hahns, der nach Osten blickt. Die Inseln Hainan und Taiwan bilden dabei die „Füße" des Hahns. Da China viele Klimazonen umfasst, gibt es dort auch alle extremen Wetterbedingungen. Im Süden und Osten übersteigt das durchschnittliche Temperaturmaximum im Sommer oft 30 °C. Im Norden sinken die Temperaturen dagegen im Winter bis auf –25 °C.

ZEITZONEN

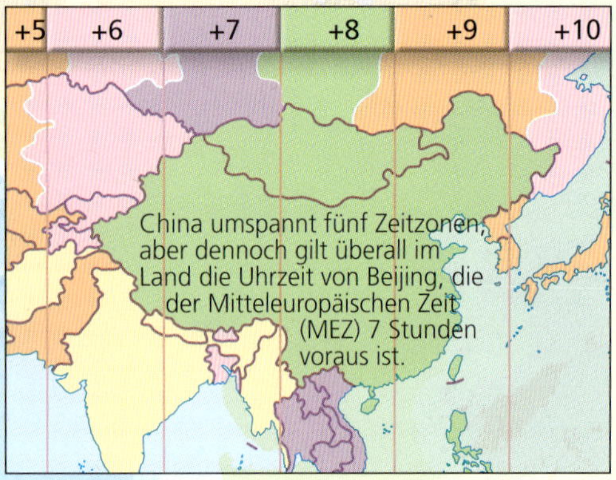

EIN LAND, VIELE TEILE

REGIONALE UNTERSCHIEDE

China ist in viele Provinzen und Regionen eingeteilt (siehe links). China betrachtet auch Taiwan als Provinz, aber die Regierung von Taiwan erkennt dies nicht an. Tibet wird hauptsächlich von China verwaltet, doch die tibetische Exilregierung unter Führung des Dalai Lama kämpft für Religionsfreiheit, mehr Selbstverwaltung und die Erhaltung ihrer Kultur. Hongkong und Macao waren eine britische und eine portugiesische Kolonie, sie wurden jedoch 1997 und 1999 an China zurückgegeben. Sie besitzen eigene Währungen (Hongkong-Dollar und Pataca) und sie dürfen in gewissem Rahmen eigene Gesetze erlassen. China bestimmt jedoch die Außenpolitik und ist für die Verteidigung zuständig.

Kartenlegende
Höhe
4000 m
2000 m
1000 m
500 m
250 m
100 m
0
250 m
2000 m
4000 m
Unter dem Meeresspiegel
Berg
Pass
Einwohner
über 1 Mio.
500000 bis 1 Mio.
100000 bis 500000
unter 100000
Ein rotes Quadrat steht für eine Landeshauptstadt.
DIE TOP-10 IN CHINA
Dies ist eine kleine Auswahl der beeindruckendsten Sehenswürdigkeiten Chinas (Naturwunder und kulturelle und technische Sehenswürdigkeiten).
1 Mount Everest
2 Große Mauer
3 Weltraumbahnhof
4 Terrakotta-Armee
5 Verbotene Stadt
6 Drei-Schluchten-Damm
7 Shaolin-Tempel
8 Qinghai-Tibet-Eisenbahn
9 Steinwald bei Shilin
10 Dazu Felsskulpturen
N
W
O
S
RUSSLAND
MONGOLEI
NORD-KOREA
SÜD-KOREA
VIETNAM
AOS
PHILIPPINEN
TAIWAN (umstritten)
Amur
Argun
Hulun Nur
Großer Chingan
Nenjiang
Xiao Hinggan Ling
Ussuri
Chanka-see
Mandschurei
Gobi
Qiqihar
Jixi
Harbin
Changchun
Chifeng
Anshan
Chengde
Beijing (Peking)
Baotou
Dalian
Bo Hai
Gelbes Meer
Gelber Fluss
Shan
Tengger Shamo
Hu
Große Mauer
Taiyuan
Qingdao
Lanzhou
Linyi
Zhengzhou
Tianshui
Yancheng
Xi'an
A'nyemaqen Shan
Hongze Hu
Nanjing
Shanghai
Tai Hu
Ostchin. Meer
Han Shui
Sichuan Pendi
Jangtse
Wuhan
Hangzhou
Ningbo
Jinhua
Chongqing
Poyang Hu
Dongting Hu
Nanchang
Wenzhou
Pingxiang
Fuzhou
Guiyang
Yongzhou
Taipeh
Taizhong
Formosa-Straße
Xiamen
Kunming
Liuzhou
Guangzhou
Gaoxiong
Roter Fluss
Yulin
Hongkong
Luzonstraße
Golf von Tongking
Zhanjiang
Südchin. Meer
Hainanstraße
Maßstab 1:20 000 000
0 km
200
400
600
800
1000

Chronik

Viele Historiker betrachten die kaiserliche Vergangenheit Chinas als eine Reihe von Zyklen. Jede Dynastie erlangte große Macht und ging wieder unter. Viele Herrscher eroberten das Land und nahmen mit der Zeit seine Lebensart an. Auf Blutvergießen und Hunger folgten wieder Ordnung und Wohlstand. Viele sehen den modernen Fortschritt als erneuten Zyklus an. Sicher ist, dass China die Kraft hat, Veränderungen zu überdauern.

Kommode aus lackiertem Holz (Qing-Dynastie, 19. Jh.)

600 000 v. Chr.
Aus dieser Zeit stammen die Überreste des „Pekingmenschen", eines der frühesten menschlichen Zeugnisse.

10 000–3000 v. Chr.
In der Neusteinzeit entstehen Bauerndörfer an den Ufern des Gelben Flusses, des Jangtse und des Huai-Flusses.

3000–221 v. Chr.
Im Gegensatz zum Europa der Bronzezeit stellen die Chinesen aus Bronze keine landwirtschaftlichen Werkzeuge her, sondern kunstvolle Ritualgegenstände.

um 1650–1027 v. Chr.
Die Shang gelten als die erste Herrscher-Dynastie. Ihre Herrscher führen die Ahnenverehrung ein.

Terrakotta-Soldat, Han-Dynastie

1027–481 v. Chr.
Unter der Zhou-Dynastie regieren die Feudalfürsten von Zhou über mehrere uneinige Reiche.

481–221 v. Chr.
Während des Niedergangs der Zhou-Dynastie, in der Zeit der „Streitenden Reiche", kämpfen die mächtigen Feudalherren um die Vorherrschaft. Konfuzius, Laozi und andere lehren Harmonie und Frieden als alternative Lebensweise.

221–207 v. Chr.
Der Herrscher von Qin vereint China und wird der erste Kaiser, der Qin Shihuangdi. Er baut die erste Große Mauer, um das Reich vor Invasoren zu schützen und seine Untertanen einzuschließen. Er führt einheitliche Schriftzeichen, Münzen und Maße sowie eine zentrale Verwaltung ein und hält so das Reich zusammen. Die Terrakotta-Armee aus 8000 Soldaten, die das Grab des ersten Kaisers bewacht, war einer der bedeutendsten archäologischen Funde des 20. Jh.

207 v. Chr.–220 n. Chr.
Die Han-Dynastie stürzt die Qin-Dynastie. Sie stärkt die kaiserliche Herrschaft durch die Einführung eines Examens für Beamte und einer Bürokratie, die in China 2000 Jahre lang erhalten bleibt. Die Hauptstadt Chang'an ist neben Rom die größte Stadt der Welt. Die Entwicklung von Eisenwerkzeugen (Pflug) ist ein großer Fortschritt für Landwirtschaft und Industrie. Die Papierherstellung wird erfunden.

221–618
Auf eine erneute Zeit der Unruhen folgt die Sui-Dynastie, die Nord- und Südchina vereint. In dieser turbulenten Zeit erstarkt der Buddhismus in China.

618–960
In der Tang-Dynastie wächst das Kaiserreich zur Weltmacht heran. In dieser Zeit des Wohlstands strömen Händler aus der ganzen Welt nach Chang'an, der größten und reichsten Stadt der Welt. Dichtung, Musik und Malerei erleben eine Blüte. Die Beamtenprüfung wird so verbessert, dass Beamte nicht nach Herkunft, sondern nach Fähigkeiten ausgewählt werden. Ab 907 beginnt die „Zeit der Fünf Dynastien", eine Zeit der Unruhen und des Umsturzes.

960–1279
China wird unter der Song-Dynastie erneut geeint. Sie zeichnet sich durch große Fortschritte in Wissenschaft und Technik, aber auch in Kunst und Dichtung aus.

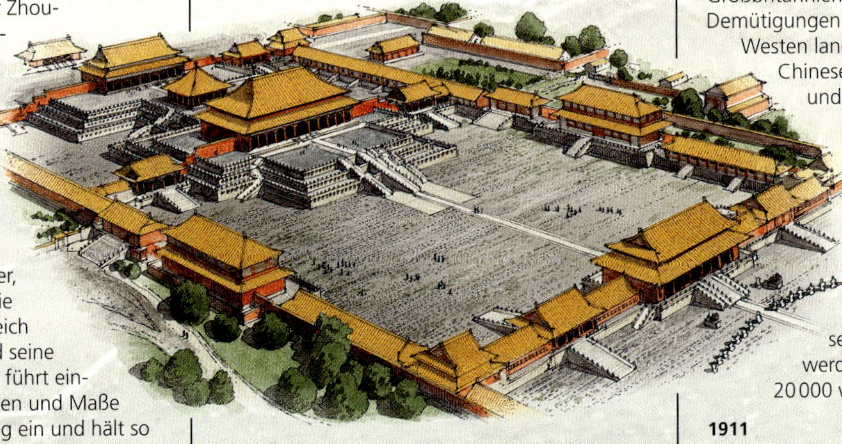
Der zentrale Bereich des Kaiserpalasts in Beijing, der auch als die „Verbotene Stadt" bezeichnet wird. Der Palast aus dem 5. Jh. umfasst 800 Gebäude mit 8000 Räumen.

1279–1368
Die Mongolen unter Dschingis Khan erobern China. Sein Enkel, Kublai Khan, gründet die Yuan-Dynastie. China erringt die Kontrolle über mehrere Handelswege nach Osten, die unter dem Namen „Seidenstraße" bekannt sind, und der Handel blüht. In Ostchina wird der Große Kanal gebaut, der den Jangtse mit dem Gelben Fluss verbindet. Die neue Hauptstadt Dadu (Beijing) wird eingerichtet. Viele Europäer (wie Marco Polo) besuchen China und bringen chinesische Erfindungen (Schießpulver) mit zurück.

1368–1644
Die Chinesen vertreiben die Mongolen und die Ming-Dynastie übernimmt die Macht. Ihre Kaiser bauen eine neue Große Mauer und bessern den Großen Kanal aus. Die Ming-Dynastie ist für ihre Kunstgegenstände berühmt. Zwischen 1405 und 1433 versucht China seinen Einfluss auszuweiten und sendet Admiral Zheng He auf mehrere große Schiffsexpeditionen nach Asien und Afrika. Ab dem 17. Jh. sind Porzellan und andere Gegenstände aus China in Europa äußerst begehrt.

1644–1912
Die Qing-Dynastie der nicht chinesischen Mandschu übernimmt die Macht. Ihr Niedergang beginnt im 19. Jh. durch finanzielle Schwierigkeiten und interne politische Konflikte. Nach mehreren Kriegen mit ausländischen Mächten, beginnend mit dem Ersten Opiumkrieg (1839–1842), muss China Handelskonzessionen erteilen und Gebiete abtreten (Hongkong an Großbritannien und Macao an Portugal). Diese Demütigungen führen dazu, dass China dem Westen lange Zeit misstraut und dass viele Chinesen ihre Herrscher für schwach und korrupt halten.

1899–1901
Die Boxer, eine religiöse Sekte aus Nordchina, schüren den Ausländerhass. Sie verbünden sich mit der Kaiserinwitwe Cixi und lösen den Boxeraufstand aus, bei dem westliche Ausländer angegriffen und Tausende chinesischer Christen getötet werden. Am Ende wird Beijing von 20 000 westlichen Soldaten besetzt.

1911
Bei der Xinhai-Revolution wird die Qing-Dynastie gestürzt und die Republik China ausgerufen. Ihr erster Präsident, Sun Yat-sen, gründet die Nationale Volkspartei (Kuomintang, KMT).

1912–1919
Die ständigen regionalen Machtkämpfe führen dazu, dass Intellektuelle die „Bewegung des 4. Mai" ausrufen, um der Politik und Kultur eine neue Richtung zu geben. Einige Anführer, auch Mao Zedong, neigen zu sozialistischen Ideen und gründen 1921 die Kommunistische Partei Chinas (KPCh).

1926
Nach dem Tod Sun Yat-sens im Vorjahr übernimmt General Chiang Kai-shek die Führung der Kuomintang und kämpft gegen die Kriegsherren.

Rekruten einer kaiserlichen Armeeschule während des Boxeraufstands (1898–1901)

1927–1949
Chiang will die Kommunisten in Shanghai zerschlagen. Der Chinesische Bürgerkrieg beginnt.

1934–1935
Kuomintang-Truppen kesseln die Kommunisten in ihrer Basis in Südchina ein und zwingen sie zur Flucht in die Berge. Während dieses Rückzugs, der als „Langer Marsch" in die Geschichte einging, übernimmt Mao Zedong die Führung der KPCh.

1937–1945
Japan besetzt die Mandschurei in Nordostchina. Den folgenden Krieg gewinnt am Ende China.

1949
Die Kuomintang verliert den Bürgerkrieg und flieht nach Taiwan, wo Chiang eine Exilregierung bildet. Auf dem Festland gründet Mao die Volksrepublik (VR-) China.

US-Präsident Richard Nixon mit Maos Berater Zhou Enlai bei Nixons historischem Besuch in China 1972

1950–1953
China unterstützt im Koreakrieg das von Kommunisten regierte Nordkorea.

1953–1963
Der Vorsitzende Mao verabschiedet den ersten und zweiten Fünfjahresplan, die unter dem Namen „Großer Sprung nach vorn" bekannt wurden. Ziel ist, das landwirtschaftlich geprägte China möglichst schnell in eine Industrienation zu verwandeln. Diese Politik fordert jedoch viele Opfer, da die Vernachlässigung der Landwirtschaft große Nahrungsknappheit zur Folge hat und rund 30 Mio. Menschen verhungern.

1964
China testet zum ersten Mal Atomwaffen.

1966–1976
Mao ruft die Kulturrevolution aus, sein Versuch, politische Rivalen auszuschalten, die Unterstützung für seine Ideen zu stärken und die Vergangenheit auszulöschen.

Dieses Propagandabild zeigt eine Szene aus dem Langen Marsch (1934–1935). Während dieses Marschs zementierte Mao seine Führungsrolle und die Kommunisten gewannen die Unterstützung des Volks.

1976–1997
Nach Maos Tod 1976 übernimmt Deng Xiaoping die Macht. Er führt wirtschaftliche Reformen ein, die privates Unternehmertum fördern und die Wirtschaft für ausländische Investoren öffnen.

1989
Studenten fordern in Massendemonstrationen auf dem Tian'anmen-Platz in Beijing politische Reformen, doch die Regierung schlägt diese größte städtische Protestbewegung, die es in China je gab, gewaltsam nieder.

1995
Die chinesische Wirtschaft wächst im zweistelligen Bereich.

1997
Im Juni fällt die britische Kolonie Hongkong an China zurück.

2001
China wird Mitglied der Welthandelsorganisation (WTO).

2003
China startet die erste bemannte Raumflugmission und wird die dritte Raumfahrtnation.

2004
Die Verfassung wird dahingehend geändert, dass Privateigentum anerkannt wird.

2006
Hu Jintao, Premierminister seit 2003, stellt sein Konzept der „Harmonischen Gesellschaft" vor, mit dem die wachsende Kluft zwischen Arm und Reich sowie Stadt und Land überbrückt werden soll.

2008
Beijing ist Gastgeber der Olympischen Spiele.

Hu Jintao spricht bei einem Regionalforum (2006).

Berühmte Chinesen

Im 20. und 21. Jahrhundert haben sich Chinesen in allen Bereichen des Lebens stark hervorgetan – als Politiker, Generäle, Regisseure, Schauspieler, Sänger, Sportler, Unternehmer, Schriftsteller, Wissenschaftler, Erfinder, Künstler und Architekten. Viele von ihnen sind international hoch geachtet. Über allen steht Mao Zedong, eine der umstrittensten Führungspersönlichkeiten des 20. Jahrhunderts und Begründer der dauerhaftesten kommunistischen Regierung.

SUN YAT-SEN (1866–1925)
Revolutionsführer, der beim Sturz der Qing-Dynastie 1911 eine wichtige Rolle spielte. Als Mitgründer der Kuomintang (Nationale Volkspartei) wurde er der erste Parteichef und der erste Präsident der Republik China. Heute wird er in China und Taiwan gleichermaßen verehrt. Auf Taiwan gilt er als „Vater der Nation".

Jiang Qing, Mitglied der Viererbande, vor Gericht (1980)

CHIANG KAI-SHEK (1887–1975)
Nachfolger von Sun Yat-sen als Chef der Kuomintang nach dessen Tod. Als er 1928 die Warlords besiegt hatte, war er Regierungschef von ganz China. Nachdem er 1934 die kommunistischen Banditen vertrieben hatte, musste er plötzlich an mehreren Fronten kämpfen: gegen Rivalen in der Kuomintang und gegen japanische Streitkräfte nach ihrer Invasion im Jahr 1937. Der Krieg gegen Japan stärkte Chiangs Position und durch die Unterstützung der USA stieg sein internationales Ansehen. Nach 1945 kämpfte Chiang jedoch in einem Bürgerkrieg gegen Maos kommunistische Truppen und verlor. 1949 zog er sich nach Taiwan zurück und gründete dort die Republik China.

MAO ZEDONG (1893–1976)
Sohn eines wohlhabenden Bauern in der Provinz Hunan. Mit Ende Zwanzig trat er in die kommunistische Partei ein. 1934 wurde er während des Langen Marschs zum obersten Anführer der Kommunisten. Sie entkamen ihren Feinden und er entledigte sich seiner Rivalen. Nach dem Sieg über die Kuomintang im Bürgerkrieg gründete Mao am 1. Oktober 1949 die Volksrepublik China. Unter seiner Führung riss die Kommunistische Partei die Kontrolle über alle Medien an sich und nutzte sie, um die Partei und Mao positiv darzustellen. 1958 rief Mao eine Bewegung zur schnellen Industrialisierung des Lands ins Leben, die sich als Katastrophe erwies, weil rund 30 Mio. Menschen verhungerten, nachdem die private Landwirtschaft verboten wurde. 1966 startete er die Kulturrevolution, um seine politischen Rivalen zu beseitigen, und stürzte damit das ganze Land erneut ins Chaos. Er verbreitete seine Gedanken mithilfe von Millionen von Exemplaren seines *Roten Buchs* im ganzen Land und förderte radikale Gruppen junger Leute, die sogenannten Roten Garden. Aus dem Machtkampf nach Maos Tod 1976 ging der Reformer Deng Xiaoping als Sieger hervor. Einerseits wird selbst heute noch ein starker Personenkult um Mao getrieben und er ist in China weiterhin sehr präsent. Andererseits halten viele Menschen ihn für einen der schrecklichsten Diktatoren des 20. Jh.

QIAN XUESEN (geb. 1911)
Er gilt als der Vater des chinesischen Raumfahrtprogramms. Er studierte in den USA Kernphysik und Raketentechnik, wurde aber 1955 ausgewiesen, weil er verdächtigt wurde, mit den Kommunisten zu sympathisieren. Er trug zur Entwicklung der ersten Raketengeschosse bei und seine Forschungen dienten als Grundlage der Rakete *Langer Marsch*.

I. M. Peis Glaspyramide im Hof des Louvre-Museums

Jung Chang, die Autorin der Familiengeschichte *Wilde Schwäne*

JIANG QING (1914–1991)
Vierte Ehefrau des Vorsitzenden Mao und Mitglied der „Viererbande", die in der Kulturrevolution die Führungsrolle übernahm. Sie verteidigte sich vor Gericht mit den Worten: „Ich war die Hündin des Vorsitzenden Mao. Wen ich beißen sollte, biss ich." Sie wurde 1980 zu lebenslanger Haft verurteilt und beging im Gefängnis Selbstmord.

Jackie Chan in einer Szene aus dem Film *Rush Hour* (1998)

I. M. PEI (geb. 1917)
Architekt von Weltruf. Der in Guangzhou geborene Pei studierte in den USA, wo er auch heute lebt. Seine Gebäude bestehen hauptsächlich aus Beton, Glas und Stahl. Er entwarf u. a. das Hochhaus der Bank of China in Hongkong (1982–1990) und die Pyramide vor dem Louvre in Paris (1989).

Li Ning errang bei den Olympischen Spielen in Los Angeles insgesamt 6 Medaillen.

LI KA-SHING (geb. 1928)
Industriemagnat und reichster Chinese der Welt. Er fing als Verkäufer in Hongkong an und baute einen Konzern auf, der die Bereiche Bau, Immobilien, Banken, Zement, Kommunikation, Kunststoff, Einkaufszentren, Hotels, Flughäfen, Stromversorgung, Hafen, Schifffahrt und Stahl umfasst. Seine Stiftung verteilt Gelder für Bildung, Gesundheit, Kultur und Gemeindeprojekte.

GAO XINGJIAN (geb. 1940)
Schriftsteller und Nobelpreisträger, der seit 1988 in Paris lebt. Sein berühmtestes Werk heißt *Der Berg der Seele*. Er erzählt darin aus verschiedenen Perspektiven die Geschichte einer Person, die zum Berg Lingshan reist. Als er 2000 den Nobelpreis erhielt, sprachen sich einige chinesische Kritiker dagegen aus, da seine Werke in China nicht anerkannt werden. Er schreibt auch Theaterstücke, führt Regie am Theater, übersetzt und malt.

ZHANG YIMOU (geb. 1951)
Führender Regisseur der „fünften Generation" chinesischer Filmemacher, die ihre Filme einem internationalen Publikum zugänglich machten. Frühe Low-Budget-Filme wie *Heimweg* (1999) und *Ju Dou* (1990) beschäftigten sich mit den Problemen auf dem Land und in der Stadt. Neuere Historiendramen wie *Hero* (2002) und *House of Flying Daggers* (2004) werden wegen ihrer ästhetischen Kampfszenen und üppigen Farbgebung bewundert. Zhang führte Regie bei der Olympia-Eröffnungsfeier in Beijing 2008.

JUNG CHANG (geb. 1952)
Preisgekrönte Schriftstellerin, die heute in Großbritannien lebt. Ihr internationaler Bestseller *Wilde Schwäne* (1992) erzählt, wie drei Frauengenerationen die Wirren des 20. Jh. in China durchlebten.

JACKIE CHAN (geb. 1954)
Berühmter Sänger, Schauspieler, Stuntman, Kung-Fu-Star, Regisseur und Drehbuchautor, der heute hauptsächlich in Hollywood arbeitet. In Asien brachte er über 20 Alben heraus. Er singt oft selbst den Titelsong seiner Filme und hat auch eine eigene Cartoon-Serie.

AI WEIWEI (geb. 1957)
Der Künstler und Menschenrechtler übt immer wieder Kritik an der chinesischen Regierung. Er wurde 2011 für einige Monate inhaftiert, was international heftig kritisiert worden war.

LI NING (geb. 1963)
Turner, der bei den Olympischen Spielen in Los Angeles 1984 dreimal Gold, zweimal Silber und einmal Bronze gewann. Während seiner 19-jährigen Karriere gewann er über 100 Medaillen und förderte Chinas Ruf als große Sportnation. Als er sich 1988 zurückzog, gründete er eine erfolgreiche Sportfirma unter seinem Namen, die heute in China Tausende von Läden unterhält.

YANG LIWEI (geb. 1965)
Held der Nation. Er war 2003 der erste chinesische *Taikonaut* (Astronaut) im Weltraum. Der damalige Oberstleutnant der Volksbefreiungsarmee umkreiste mit dem Raumfahrzeug *Shenzhou V*, das von der Rakete *Langer Marsch* in die Umlaufbahn gebracht wurde, die Erde 14-mal in 24 Stunden. Der Start war ein Triumph für die chinesische Technologie.

Yang Liwei bei einem Live-Interview aus dem All

Deng Yaping auf dem Weg zur Goldmedaille

Wang Fei wird beim *Golden Melody Award* in Taiwan als „Beste weibliche Künstlerin" ausgezeichnet.

WANG DAN (geb. 1969)
Einer der Anführer der Studentendemonstrationen auf dem Tian'anmen-Platz 1989. Er wurde zweimal verhaftet und wegen Verschwörung gegen die Kommunistische Partei zu Gefängnisstrafen verurteilt (1989 und 1995). Nachdem er sieben Jahre im Gefängnis verbracht hatte, wurde er auf internationalen Druck freigelassen und ins Exil in den USA geschickt.

WANG FEI *auch* FAYE WONG (geb. 1969)
Pop-Diva aus Hongkong, sie verkauft weltweit am meisten Canto-Pop-Alben (in kantonesischer Sprache). In letzter Zeit schreibt sie häufig eher westlich beeinflusste Songs. Sie ist außerdem eine bekannte Schauspielerin, die in Filmen wie *Chungking Express* (1994) und *Chinese Odyssey 2002* (2002) die Hauptrolle spielte.

DENG YAPING (geb. 1973)
Sportlerin, die für das Tischtennis-Damenteam vier olympische Goldmedaillen gewann und 18-mal erfolgreich den Weltmeistertitel verteidigte. 1999 wurde sie in China zur weiblichen Sportlerin des Jahrhunderts gekürt.

ZHANG ZIYI (geb. 1979)
Weltberühmte Schauspielerin, die ihre Karriere in Zhang Yimous Film *Heimweg* begann. Bei ihrer Arbeit mit Regisseuren wie Ang Lee, Wong Kar-wai und Rob Marshall spielte sie Hauptrollen in Filmen wie *Tiger & Dragon* (2000), *House of Flying Daggers* (2004), *2046 – Der ultimative Liebesfilm* (2004) und *Die Geisha* (2005), in dem sie für den BAFTA-Award als beste Schauspielerin nominiert war. Einmal war sie jüngstes Mitglied aller Zeiten der Jury des Filmfestivals in Cannes.

YAO MING (geb. 1980)
Profi-Basketballspieler bei den Houston Rockets in der US-amerikanischen Basketball-Liga NBA. Er ist 2,30 m groß, einer der besten Center-Spieler der Welt und wurde schon viermal zum *NBA All Star* gewählt.

Glossar

Kalligrafie der Schriftzeichen für Frau (links) und Mann (rechts)

AKUPUNKTUR Eine Heilkunst, die seit Jahrhunderten praktiziert wird. Bestimmte Punkte am ganzen Körper werden mit Nadeln gespickt, um den natürlichen Fluss der Lebensenergie (Qi) anzuregen, Schmerzen zu lindern oder Krankheiten zu heilen.

ASTROLOGIE Die chinesische Astrologie beruht auf dem chinesischen Kalender, der in Zyklen von 60 Jahren verläuft. Zwölf Tierzeichen wie Drache, Pferd, Affe, Hahn, Hund, Schwein oder Ratte werden jeweils mit fünf Elementen kombiniert. Es heißt, dass Menschen die Eigenschaften des Tiers haben, in dessen Jahr sie geboren wurden.

BAMBUS Schnell wachsende, hohe, tropische oder halb tropische Grasart mit hohlem, hölzernem Stängel und essbaren Sprossen.

BUDDHA Dieser Titel wurde Siddharta Gautama (um 563–483) verliehen, einem Adligen und religiösen Lehrer aus Nordindien, der sein Leben der Suche nach Erleuchtung widmete.

Kommunistische Andenken: Mao-Zedong-Anstecknadeln

BUDDHISMUS Lehre, die ab dem 5. Jh. v. Chr. von Buddha und seinen Schülern verbreitet wurde: Menschen, die dem Hass und der Gier entsagen, können die Erleuchtung erlangen. Buddhisten bilden mit 360 Mio. Anhängern die viertgrößte Religionsgemeinschaft der Welt. Buddhismus ist eine der Hauptreligionen in China.

BÜRGERKRIEG Ein Krieg zwischen verschiedenen Gruppen von Bürgern aus demselben Land. In China herrschte von 1927–1937 und von 1945–1949 Bürgerkrieg zwischen den Streitkräften der Kuomintang unter Chiang Kai-shek und der Kommunisten unter Mao Zedong.

DAOISMUS Philosophie nach den Lehren des Laozi, der zwischen dem 4. und 6. Jh. v. Chr. lebte. Sie betont das einfache, ehrliche Leben und warnt davor, sich dem natürlichen Lauf der Dinge in den Weg zu stellen.

DIALEKT Regional abgewandelte Form einer Sprache. In China gibt es Hunderte von Dialekten wie Kantonesisch (siehe unten) oder Wu (in Shanghai und den umliegenden Regionen in Südostchina).

DIM SUM Köstliche Kleinigkeiten, die mit Tee gereicht werden – oft gedämpfte und gefüllte Teigtaschen (mit Schweinefleisch, Shrimps oder Gemüse).

DYNASTIE Eine Herrscherfamilie, bei der das Amt von den Eltern auf die Kinder übergeht. Im kaiserlichen China folgten Verwandte aus derselben Familie (z. B. Ming) oder Volksgruppe einander auf den Thron.

ESSSTÄBCHEN Ein Paar lange, dünne Holzstäbe, die als Essbesteck dienen.

FENG-SHUI Uralte chinesische Kunst der Gestaltung von Gebäuden und Gräbern, die die Harmonie der natürlichen Umgebung bewahrt. Der Fluss des Qi, der „natürlichen Energie“, wird gefördert und das bringt Glück.

FRÜHLINGSFEST *siehe* Neujahrsfest

HAN Die größte Volksgruppe in China, zu der etwa 90 % der Bevölkerung gehören.

HIRSE Ein Getreide, das als Nahrung und Tierfutter dient.

HUTONG Alte Gasse in Beijing und anderen Städten im Norden, die von Häusern mit Innenhof gesäumt wird. Der Name stammt aus dem Mongolischen und bedeutet „wo Menschen wohnen“.

JURTE Ein rundes Zelt mit einem Gerüst aus Holzstangen, das mit Filz oder Leinwand eingedeckt wird. Nomaden in der Mongolei und in Ost- und Zentralasien nutzen sie als Behausung. Sie wird auch *ger* genannt.

KALLIGRAFIE Fließende Handschrift, die mit Tusche und Stiften oder Pinseln verschiedener Form und Dicke gemalt wird.

KANTONESISCH Ein chinesischer Dialekt in der Provinz Guangdong, in Hongkong und Macao. Die Menschen dort werden als Kantonesen bezeichnet.

KOMMUNE Eine Gruppe von Familien oder Einzelpersonen, die zusammenleben und Besitz und Aufgaben teilen. Während des „Großen Sprungs“ wurde die beschlossene Kollektivierung durchgeführt, d. h. die Arbeiter in der Landwirtschaft mussten in riesigen Volkskommunen zusammenleben.

KOMMUNISMUS Ein politisches System mit dem Ziel einer klassenlosen Gesellschaft ohne Privateigentum, in der alle Menschen gleich sind. Industrie und Landwirtschaft gehören der Allgemeinheit.

Dim sum

KOMMUNISTISCHE PARTEI In China ist dies die einzige, regierende politische Gruppe, die oft nur „die Partei“ genannt wird.

KONFUZIANISMUS Philosophie nach den Lehren des Konfuzius mit großem Einfluss auf Politik, Gesellschaft und Kultur in China. Sie betont moralische Ordnung, Gehorsam sowie die Bedeutung der Familie und ist die Grundlage der Erziehung.

KONFUZIUS Chinesischer Philosoph, der von 551 bis 479 v. Chr. lebte. Er wird als bedeutender Weiser und Morallehrer verehrt. Die Herrschenden legitimieren mit ihm ihre Regierung.

KULTURREVOLUTION 1966 von Mao Zedong angestoßene Bewegung zur Vernichtung seiner politischen Rivalen, Unterstützung seiner Ideen und Auslöschung der Vergangenheit. Sie dauerte bis 1976 und wurde von fanatischen jungen Freiwilligen, den Roten Garden, durchgeführt.

KUNG-FU Chinesische Kampfkunst zur Selbstverteidigung, die sowohl Körper als auch Geist trainiert. Sie wurde im Westen durch die Filme von Bruce Lee bekannt.

Kung-Fu-Kämpfer bei einer Verteidigungstechnik

Schriftzeichen für „Glück" auf einem Neujahrsgeschenk

KUOMINTANG (KMT) Eine politische Partei, die 1911 von Sun Yat-sen gegründet wurde und die unter der Führung von Chiang Kai-shek China von etwa 1928 bis 1949 regierte. 1949 vertrieben die Kommunisten sie ins Exil nach Taiwan, wo sie eine Regierung bildete. Sie wird auch Nationale Volkspartei genannt.

MANDARIN Seit 1917 die offizielle Sprache Chinas, die von rund zwei Dritteln der Bevölkerung gesprochen wird. Sie wird im Fernsehen, Radio und in Zeitungen verwendet und überall in den Schulen gelehrt.

MAO-ANZUG Ein einfacher, locker sitzender Anzug aus Baumwolle, der einer Militäruniform ähnelt. Im 20. Jh. wurde er im kommunistischen China von den meisten Chinesen getragen. Heute sieht man ihn eher selten.

MIGRANT Eine Person, die von einem Ort zum anderen zieht, oft aus wirtschaftlichen Gründen. Meist verläuft die Migration vom Land in die Stadt oder ins Ausland.

Reisfelder in Südwestchina

NATIONALE VOLKSPARTEI *siehe* Kuomintang

NEUJAHRSFEST Das wichtigste Fest in China beginnt am ersten Tag des ersten Monats des Mondkalenders (rund einen Monat später als nach dem westlichen Kalender). Es dauert 15 Tage, darunter 7 arbeitsfreie Tage, an denen meist alle Familienmitglieder zusammenkommen.

NOMADE Mitglied einer Volksgruppe, die meist Tiere züchtet und auf der Suche nach Weideland und Nahrung umherzieht.

PIKTOGRAMM Zeichen der chinesischen Schrift: Ein Bild oder Symbol drückt die Bedeutung des Worts aus, für das es steht.

PINYIN Die Lautumschrift zur Darstellung chinesischer Schriftzeichen in unserem Alphabet, sodass wir sie lesen und aussprechen können.

PORZELLAN Durchscheinende Keramik aus Porzellanerde, Mattglas und Asche. Die zarte Form und Glasur machten es zu einer begehrten Ware für europäische Händler.

PROPAGANDA Organisiertes System zur Verbreitung von Informationen mit der Absicht, eine bestimmte Meinung für politische Zwecke zu verbreiten und zu fördern.

QI (CHI) Die Lebensenergie, die der fernöstlichen Philosophie zufolge entlang der sogenannten Meridiane den Körper durchströmt.

REISFELD Ein gut bewässertes Feld zum Anbau von Reis, besonders in China und im übrigen Südostasien.

RENMINBI (RMB) *siehe* Yuan

Der gewölbte Boden verteilt die Wärme gleichmäßig.

Gemüse wird im Wok pfannengerührt.

REVOLUTION Große Veränderung, beispielsweise der Sturz einer Regierung.

RIKSCHA In Teilen Asiens verwendeter kleiner, zweirädriger Wagen, der von einem oder zwei Männern gezogen wird. Heutige Fahrrad-Rikschas werden entweder von einem Fahrrad oder einem Motorrad bewegt.

SEIDENRAUPE Die weiße Raupe des Seidenspinners, aus deren Kokons die Seide gewonnen wird.

Chinesische Geldscheine: Chinas Währung heißt Yuan.

TAI-CHI Eine langsame körperliche Übung aus sanften, eleganten, rhythmischen Bewegungen auf der Grundlage der Kampfkunst. Es wurde in China von alters her entwickelt und wird oft als spirituelle Meditationsübung durchgeführt.

TERRAKOTTA Rötlich-brauner Ton, der gebrannt, aber nicht glasiert wird.

TRADITIONELLE CHINESISCHE MEDIZIN (TCM) Eine Heilkunst aus dem alten China, die die natürliche Energie des Körpers (*Qi*) beeinflussen soll. Eingesetzt werden Kräuter, Akupunktur, Massagen, körperliche Übungen und Ernährung.

WOK Große, runde Pfanne aus Metall mit abgerundetem Boden.

YIN UND YANG Aus chinesischer Sicht besitzt alles auf der Welt zwei Naturen, Yin und Yang, die sich ergänzen und gegenseitig ausgleichen. Yin ist die dunkle, kalte, nasse, weibliche Natur und Yang ist die helle, heiße, trockene, männliche Natur.

YUAN Die Währungseinheit in China. Ein Yuan hat zehn Jiao und 100 Fen. Er wird auch als Renminbi oder RMB bezeichnet.

Register

A B

C D E

F

G H I

J K L

M N

O P Q

R

S

T U V

W Y Z

Dank und Bildnachweis

Der Autor dankt Frances Baawuah, Edera Liang und Familie, Nicholas Gerda, Coral und Dominic Sebag-Montefiore, Chen Songzhu, Melanie Williams, Duan Yanling, Dominic Zeigler.

Dorling Kindersley dankt Phil Hunt und Nigel Ritchie für die Redaktionsassistenz; David Ball, Kathy Fahey, Neville Graham, Rose Horridge, Joanne Little und Sue Nicholson für das Poster; Andy Hilliard, Ben Hung und Ronaldo Julien für das DTP-Design; Lynn Bresler für das Register.

Der Verlag dankt folgenden Personen und Institutionen für die freundliche Genehmigung zum Abdruck von Fotos:

(Abkürzungen: o = oben, go = ganz oben, u = unten, m = Mitte, l = links, gl = ganz links, r = rechts, ganz rechts, Hg = Hintergrund)

akg-images: 11gor, 12gol; Alamy Images: Pat Behnke 14ml, 38ul, 63mr; Tibor Bognar 42u; Marco Brivio 30u; Mehdi Chebil 17mr, 32ur; Cosmo Condina 68ul; Content Mime International 68mr; Dennis Cox 6-7um; James Davis Photography 27gor; Kevin Foy 31gol, 60ml, 62u; James Frank 19ur; Robert Fried 10gor; Mike Goldwater 63um; Sally & Richard Greenhill 41u; Robert Harding Picture Library Ltd. 9m; imagebroker 9mr; Norma Joseph 21mr; Lou Linwei 19gor, 41mlo, 43mr; Tina Manley 39ur; Iain Masterton 43gor, 48ul, 53ur; nagelestock.com 11u; David Noton Photography 8-9u; Panorama Media (Beijing) Ltd. 34ml; Phototake Inc. 51m; Jiri Rezac 19gol; rochaphoto 40gol; Marco Secchi 30mr; Keren Su / China Span 36ul; Jeremy Sutton-Hibbert 23ur; vario images GmbH & Co.KG 27gol; Visual Arts Library (London) 10ul, 47gor; WorldFoto 27u, 30gol; The Bridgeman Art Library: Musée Guimet, Paris 46gor; Private Collection 12ul, 54mlo; Private Collection / Archives Charmet 67ul; Private Collection / Photo © Christie's Images 54gol; Corbis: 67gor; K. Andrew / epa 37ml; Dave Bartruff 12m; Annie Griffiths Belt 22mr; Bettmann 12ml, 13m, 68mlu; Bohemian Nomad Picturemakers 62gol; Adrian Bradshaw / epa 49u; Tom Brakefield 37gor; Brooklyn Production 40mlo; David Butow / Corbis Saba 16-17um; Kin Cheung / Reuters 4ur, 41gol; China Newsphoto / Reuters 27m; China Photos / Reuters 57gol; Christie's Images 55mr; Claro Cortes IV / Reuters 44m; Justin Guariglia 28gor; Robert Harding World Imagery 21ur; So Hing-Keung 44gor, 56-57u; Wolfgang Kaehler 9gol; Earl & Nazima Kowall 22gol; Reinhard Krause / Reuters 55gol; Simon Kwong / Reuters 58m, 69gor; Liu Liqun 23um, 40ul, 49gor; Craig Lovell 37mr; James Marshall 6ml; Wally McNamee 69gol; Gideon Mendel 22u, 28u; Zeng Nian 57gor; Kazuyoshi Nomachi 26gor, 45gol; Reuters 35mr; Reuters / Guang Niu 17gor; Reuters / Kin Cheung 18r; Reza / Webistan 17gol; Galen Rowell 63gol; Gilles Sabrie 20gol; Bob Sacha 3, 6ul; Bob Sasha 23mlu; Michel Setboun 26um; Keren Su 8ul, 20u, 32ul, 33ul, 62gor; Peter Turnley 16ml, 26mlu; Julia Waterlow / Eye Ubiquitous 26mlo; David H. Wells 32gol; Michael S. Yamashita 8gol, 13gol, 29mr, 34-35u; Bobby Yip / Reuters 17ur; Zefa / Angelo Cavalli 24u; DK Images: Alan Hills / The British Museum 15gol (Pinsel); Chas Howson / The British Museum 71mr; Dave King / Mit frdl. Genehmigung des Science Museum, London 50um; Dave King / Mit frdl. Genehmigung des University Museum of Archaeology and Anthropology, Cambridge 10gol; Judith Miller / Ancient Art 66ml; Judith Miller / Sloan's 10m, 18ml; Judith Miller / Sloans & Kenyon 66gor; Mit frdl. Genehmigung des National Maritime Museum, London 50ul; Mit frdl. Genehmigung des Pitt Rivers Museum, University of Oxford 11gol; Laurence Pordes / Mit frdl. Genehmigung der British Library 15gol (Stein); Karen Trist / Rough Guides 58ml; Alex Wilson / Mit frdl. Genehmigung des Charlestown Shipwreck and Heritage Centre, Cornwall 34mr (Tabak); Yanling Duan: 14um, 53gol; Empics Ltd: AP Photos / Greg Baker 29gor; Getty Images: 56mlu; AFP 45gor, 51l, 69m; AFP / Liu Jin 29gol; AFP Photo / Frederic J. Brown 53ul; AFP Photo / Peter Parks 43ur; Archive Photos 59m; Asia Images / Gareth Jones 16ul; Aurora / Ashley Gilbertson 15gor, Torsten Blackwood / AFP 57mr; Bongarts / Christian Fischer 60ul; Frederic J. Brown / AFP 38gor, 48gol; Clive Brunskill 60um; China Photos 25gol; Cancan Chu 51gor; Fred Dufour / AFP 54-55u; Nir Elias / AFP 67ur; Hulton Archive 67mlo; The Image Bank / Keren Su 6gor; The Image Bank / Richard A. Brooks 44-45u; Liu Jin / AFP 7ur, 55gor; David Levenson 68gor; Liaison / Paula Bronstein 53gor; Dylan Martinez / AFP 13ur; Guang Niu 61u; Peter Parks / AFP 51ur; Michel Porro 15u; Peter Rogers 33ur; Stephen Shaver / AFP 63gor; Stone / Robert Van Der Hilst 25mr; Stone / Shuan Egan 31ur; STR / AFP 56gor; Henri Szwarc / Bongarts 69ur; Taxi / Keren Su 18ul, 42gol; Mark Thompson 61gol; Ben Hoare: 4gor, 23gol, 23mo, 23gotr, 48mr; The Kobal Collection: Columbia / Sony / Chuen, Chan Kam 58mro; Panos Pictures: Natalie Behring 52u; D.J. Clark 47gol, 47ur; Qilai Shen 21gor, 25gor; Chris Stowers 7gor; Gangfeng Wang 7mr; Rex Features: Everett Collection 59gol; Patrick Frilet 31gor; Richard Jones 58ur; Lou Linwei 51mro; Peter Lou / Sinopix 49gol; Sipa Press 24gol, 29ur, 35gor, 43ul; The Ronald Grant Archive: 58gol; Still Pictures: BIOS Gunther Michel 37ur; BIOS Klein & Hubert 31m; Ecopix / Ullstein 25ml; Russell Gordon 41gor, 46-47u; Hiss / Ullstein 25u; Thomas Roetting 14m, 19ul; ullstein - phalanx Fotoagentur 48ml; ullstein / Vision Photos 21gol; UNEP 46ul; The Wellcome Institute Library, London: 52gol.

Poster: Alamy Images: nagelstock.com (Große Mauer); rochaphoto (Ein-Kind-Poster); Keren Su / China Span (Panda); WorldFoto (Schwebebahn). Corbis: Justin Guariglia (Hafen); So Hing-Keung (Drachen). DK Images: Mit frdl. Genehmigung der British Library, London (Reibstein); The British Museum, London (Pinsel); Judith Miller / Sloan's (Ming-Vase); Mit frdl. Genehmigung des Science Museum, London (Schießpulver). Getty Images: AFP (Shenzhou V); Michel Porro (Calligrapher). Rex Features: Sipa Press (Stadion). Still Pictures: Russell Gordon (Kind am Computer).

Cover: *Vorn:* Alamy Images: Asia Photopress mu; Corbis: Dennis Galante mlo; Getty Images: Jennifer Borton mogr; *Hinten:* Corbis: Galen Rowell gor, Bob Sacha mu; Getty Images: Krzysztof Dydynski mgl; Ben Hoare: mo.

Weitere Informationen unter www.dkimages.com

Weitere Themen in dieser Reihe:
(Bandnummer in Klammern)

Das alte Ägypten (8)
Das alte Griechenland (21)
Das alte Rom (38)
Autos (25)
Azteken, Inka & Maya (28)
Bedrohte Tiere (5)
Burgen (24)
Christentum (34)
Computer (51)
Demokratie (30)
Dinosaurier (1)
Edelsteine & Kristalle (62)
Eisenbahnen (19)
Die ersten Menschen (26)
Evolution (50)
Fische (13)
Flugmaschinen (41)
Fossilien (47)
Fußball (53)
Geld (59)
Gesteine & Mineralien (17)
Große Entdecker (12)
Große Musiker (42)
Große Wissenschaftler (33)
Haie (10)
Hunde (39)
Indianer (18)
Insekten (35)
Islam (56)
Katzen (23)
Klimawandel (11)
Kriminalistik (44)
Der Mensch (2)
Das moderne China (58)
Mond (57)
Musikinstrumente (14)
Mythologie (31)
Naturwissenschaften (7)
Ozeane (32)
Pferde (43)
Pflanzen (48)
Piraten (36)
Pyramiden (60)
Raubtiere (52)
Regenwald (20)
Ritter (16)
Säugetiere (45)
Schätze (6)
Spione (9)
Städte (3)
Strand & Meeresküste (55)
Teiche & Flüsse (27)
Titanic (22)
Vögel (29)
Vulkane (37)
Waffen & Rüstungen (61)
Wasser (40)
Weltall (15)
Wetter (46)
Wikinger (49)
Wirtschaft (4)
Der Zweite Weltkrieg (54)